Kinder & Werte

Was Erwachsene wissen sollten

Klett | Kallmeyer

Inge Michels
(Diplom-Pädagogin und Redakteurin) arbeitet als Wissenschaftsjournalistin, Buchautorin und Moderatorin von Kongressen und Fachtagen. Zu ihren inhaltlichen Schwerpunkten zählt das Bildungsgeschehen in Kita, Schule und Familie. Wichtiger als bestimmte Werte ist ihr, dass Werte überhaupt reflektiert und von Erzieherinnen und Erziehern, Lehrerinnen und Lehrern sowie Eltern immer wieder selbstbewusst und gut gelaunt in den Alltag mit Kindern getragen werden.

Alexandra von Plüskow
arbeitet als Lehrerin an der Grundschule Deutsch Evern (Landkreis Lüneburg) und als Bildungskoordinatorin der Bildungslandschaft Heidekreis. Hier beschäftigt sie sich u. a. mit den Themenbereichen Sprachbildung, Erziehungs- und Bildungspartnerschaft, Ganztägig lernen, Inklusion und Übergänge.Sie verfasst pädagogische Texte und Materialien für Schüler und Schülerinnen, Lehrkräfte, Erzieherinnen und Eltern.

Danke fürs Mitmachen an: Annika, Bela, Carl, Carlotta, Elisa, Emma, Julius, Lewis, Lorenz, Mette, Mia, Mika, Nils, Raphael und Zoe.

Bibliografische Information der Deutschen Nationalbibliothek
Die Deutsche Nationalbibliothek verzeichnet diese Publikation in der Deutschen Nationalbibliografie; detaillierte bibliografische Daten sind im Internet über http://dnb.d-nb.de abrufbar.

Impressum

Inge Michels / Alexandra von Plüskow:
Kinder & Werte
Was Erwachsene wissen sollten.

1. Auflage 2017

Redaktion: Christine Stadler, Hamburg
Realisation: Dirk Jäger
Druck: Grafisches Centrum Cuno GmbH & Co. KG, Calbe
Printed in Germany

ISBN: 978-3-7727-1008-7

Kinder & Werte

Was Erwachsene wissen sollten

Inge Michels • Alexandra von Plüskow

Es gibt keinen Beweis, dass bestimmte Werte für das Wohlergehen der Familie wichtiger sind als andere. […] Von elementarer Bedeutung ist aber zweifellos, dass die Erwachsenen (…) überhaupt Wertvorstellungen besitzen – etwas, woran sie glauben; Überzeugungen, für die sie eintreten. *Juul 2006, S. 167*

Klett | Kallmeyer

Kinder & Werte

Was Erwachsene wissen sollten

Auftakt

Was ist *wert*-voll?

Ein Wortspiel: „Was ist „*wert*-voll?“ Eine vierte Klasse lässt sich mit Eifer darauf ein. In kleinen Gruppen oder auch allein, so wie jede oder jeder mag, setzen sie sich mit der Frage auseinander.

Es kommen Antworten wie:
- Gold,
- Spielzeug,
- unser Haus,
- ein großes Auto,

aber auch:
- Essen,
- ein Dach über dem Kopf,
- eine Familie,
- dass ich in die Schule gehe,
- Freunde.

Ein Mädchen schreibt für sich allein. Vorsichtig gehe ich zu ihr und frage, ob ich lesen darf. Sie nickt. „Ja, du darfst.“ Ich lese – ein kurzer Satz steht da und ein liebevolles Bild. Das habe ich nicht erwartet, dort steht: „Ich bin wertvoll.“ Dazu hat Marie sich selbst gemalt. „Wie meinst du das?“, frage ich sie. Nachdenklich schaut sie mich an: „Ich finde, ich bin wertvoll. Ich kann vieles und meine Eltern haben mich lieb. Ich habe Freunde. Ich finde mich wertvoll.“

„Ich finde, ich bin wertvoll.“

Was ist mir etwas wert?

„Edel sei der Mensch, / Hilfreich und gut!" Mit diesen Worten begann Johann Wolfgang von Goethe sein Gedicht „Das Göttliche" (1783). Sein Appell gilt als geflügeltes Wort – und kommt uns trotz seiner Bekanntheit und Beliebtheit wie aus der Zeit gefallen vor.

Edel sei der Mensch, hilfreich und gut – schön wär's, mag mancher denken und hat vielleicht eines jener Bilder aus den Medien vor Augen: den zusammengebrochenen Mann in der Schalterhalle einer Bank, um den die Kunden einen Bogen machen; den radikalisierten Jugendlichen, der sich in die Luft sprengt und andere mit in den Tod nimmt; den niedergeschlagenen jungen Mann am Boden, der von seinen Angreifern weiter getreten wird. Die Klage über zunehmende Gewalt und Werteverlust ist angesichts solcher und vieler anderer schlimmer Bilder schnell angestimmt, populär ist sie ohnehin.

Wir möchten *dieses* Lied in diesem Buch nicht singen. Es gibt keinen Beleg dafür, dass wir in einer Zeit leben, in der „die Werte" verfallen. Selbst der anachronistisch anmutende Appell von Goethe findet sein Echo immer wieder in Umfragen, in denen Erwachsene der Erziehung von Kindern zu „guten Menschen" hohe Priorität einräumen. Verändert haben sich allerdings die Antworten auf die dahinterstehende Frage „Was ist ein *guter* Mensch?" Die Antworten darauf sind vor allem immer weniger eindeutig geworden.

Was ist ein *guter* Mensch?

Noch in der Mitte des vergangenen Jahrhunderts war ein guter Mensch jener, der sich an den tradierten kollektiven Lebensweisen orientierte. Es galt, diese von den Eltern zu übernehmen. Ordnungsliebe und Pflichtgefühl hatten in diesen Jahren eine hohe Akzeptanz. Heute zeigt sich ein guter Mensch darin, dass er seine Individualität erkennt, dass er ein emanzipiertes, selbstbestimmtes Leben führen kann; aber auch, dass er sich für andere einsetzt, Verantwortung übernimmt und sich gesellschaftlich engagiert. Toleranz und Teamfähigkeit gelten gleichfalls als Kennzeichen eines „guten Menschen". Komplexe Anforderungen also, die sich nicht so leicht definieren, erfassen oder gar einüben lassen, wie etwa gute Manieren oder Pünktlichkeit.

Durch die Abkehr von eher restriktiven Verhaltensregeln, die das Zusammenleben in der Familie, der lokalen Gemeinde, innerhalb der eigenen sozialen Schicht organisierten und gewährten, entstand Freiheit. Wir sind heute weitgehend in der Lage, unser Leben relativ eigenständig zu gestalten, Entscheidungen in eigener Verantwortung zu fällen. Wir sind dazu aber auch gezwungen – und mancher wünscht sich, zu den alten Gewissheiten und Abhängigkeiten zurückkehren zu können.

Wer sich umschaut oder es selbst erfahren musste, weiß, dass aus den erzwungenen Freiheiten der Lebensführung die Risiken des

Scheiterns wachsen. Sich mit Würde das Scheitern an einer (Lebens-)Aufgabe einzugestehen, bringt manchen Menschen an die Grenzen seiner Möglichkeiten. Doch das Leben in einem alten Korsett ist im 21. Jahrhundert keine echte Alternative mehr. Es ist vielmehr eine ganz eigene Kompetenz, die von uns erwartet wird, und die – vor über 200 Jahren – Goethe in „Das Göttliche" erfasst hat: „Nur allein der Mensch/ Vermag das Unmögliche: / Er unterscheidet, / Wählet und richtet / (...)".

Unterscheiden, wählen und richten im Sinne von „etwas als richtig beurteilen" ist die große Kunst, die uns zu Beginn des 21. Jahrhunderts enorm viel abverlangt und die vielleicht zu den wichtigsten Kompetenzen gehört, zu der wir Kinder und Jugendliche versuchen sollten, zu befähigen. Sie bewahrt uns nicht davor, in der einen oder anderen wichtigen Angelegenheit zu scheitern. Aber sie befähigt uns zumindest, zu erkennen, wo und wie wir unsere Wegweiser (wieder)finden können.

Auf die Frage „Wer bringt Dir die Werte am besten bei?" verweisen die meisten Kinder auf die Mitglieder ihrer Familie. Direkt danach folgen Lehrerinnen / Lehrer, Erzieherinnen / Erzieher.

GEOlino-UNICEF-Kindermonitor 2014, S. 15

Damit Kinder und Jugendliche je nach Alter und Fähigkeiten unterscheiden, wählen und beurteilen können, brauchen sie Werte, denen sie eine für sie selbst wichtige Bedeutung beimessen können. „Was ist mir etwas wert?", heißt die Frage dahinter. „Wofür setze ich mich ein? Schränke ich mich auch selbst gegebenenfalls ein, weil ich den Sinn, die weiterreichende Bedeutung eines Verhaltens, höher bewerte als meine persönliche, kurzfristige Bedürfnisbefriedigung?" Gerechtigkeit und Fairness zum Beispiel stehen bei Kindern hoch im Kurs.

Der dänische Familientherapeut Jesper Juul sagt: „Es gibt keinen Beweis, dass bestimmte Werte für das Wohlergehen (...) wichtiger sind als andere. Von elementarer Bedeutung ist aber zweifellos, dass die Erwachsenen (...) überhaupt Wertvorstellungen besitzen – etwas, woran sie glauben; Überzeugungen, für die sie eintreten." (2006, S. 167) Juul hat dies über die Werteerziehung in der Familie gesagt, aber seine Sätze gelten ebenso für das Miteinander und die Aufgaben der Erwachsenen in Kita und Schule. Frauen und Männer sollten Überzeugungen haben, „für die sie eintreten", fordert der gleichsam beliebte wie renommierte Berater. Und er meint damit auch: Frauen und Männer sollten Überzeugungen haben, für die sie öffentlich eintreten. Sie sollten nicht schweigen.

Unsere zweite Haut

„Öffentlichkeit" ist im Wertediskurs des 21. Jahrhunderts ein wichtiger, nicht zu unterschätzender Faktor. Die durch Medien und soziale Netzwerke hergestellte Öffentlichkeit kann Haltungen, Überzeugungen, Werte stärken oder schwächen. Ihr Einfluss ist enorm. In den zurückliegenden Monaten konnten wir zuschauen, wie sich die öffentliche Meinung über die Haltung, die wir zu geflüchteten Menschen hatten, innerhalb kürzester Zeit veränderte. In der öffentlichen Wahrnehmung schlug Hilfsbereitschaft in Abwehr um. Statt „Wir helfen euch und schaffen das!", lasen und hörten wir: „Macht die Grenzen zu!" Was ist geschehen und was hat das mit unseren Werten zu tun? Um darauf eine Antwort geben zu können,

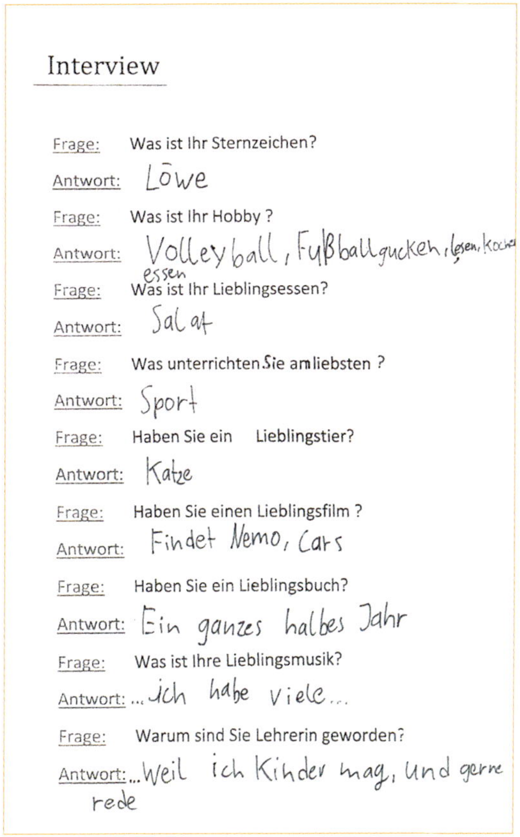
Interview

Frage: Was ist Ihr Sternzeichen?
Antwort: Löwe
Frage: Was ist Ihr Hobby ?
Antwort: Volleyball, Fußballgucken, lesen, Kochen, essen
Frage: Was ist Ihr Lieblingsessen?
Antwort: Salat
Frage: Was unterrichten Sie am liebsten ?
Antwort: Sport
Frage: Haben Sie ein Lieblingstier?
Antwort: Katze
Frage: Haben Sie einen Lieblingsfilm ?
Antwort: Findet Nemo, Cars
Frage: Haben Sie ein Lieblingsbuch?
Antwort: Ein ganzes halbes Jahr
Frage: Was ist Ihre Lieblingsmusik?
Antwort: ... ich habe viele...
Frage: Warum sind Sie Lehrerin geworden?
Antwort: ... Weil ich Kinder mag, und gerne rede

Die Bindung an Erzieherinnen und Lehrerinnen ist meist sehr eng. Solche Steckbriefe lesen Kinder auch nach Ende der Grundschulzeit immer wieder gern nach und bewahren sie gut auf

gehen wir wieder einen zeitlichen Schritt zurück, aber nicht ganz so weit wie zu den Zeiten Goethes, und wenden uns Elisabeth Noelle-Neumann (1916–2010) zu. Die Kommunikationswissenschaftlerin hat gemeinsam mit ihrem Mann Erich Peter Neumann das erste deutsche Meinungsforschungsinstitut in Allensbach am Bodensee gegründet, das Institut für Demoskopie. Weltweit bekannt wurde sie durch ihre Beobachtung der „Schweigespirale".

Mit der Beschreibung dieser Schweigespirale kommen wir zu einem zentralen Anliegen des Buches (s. auch Exkurs 2, **S. 41 ff.**) Wir möchten Erzieherinnen und Erzieher, Lehrerinnen und Lehrer, pädagogische Fachkräfte und Eltern ermutigen und auch bitten, eigene Überzeugungen und Werte zu reflektieren oder zu gewinnen, für diese hörbar einzutreten, sie vorzuleben und darüber in einen empathischen Diskurs mit Kindern zu gehen (s. dazu auch die „Reflektionskärtchen" S. 115 und Download). Was sich leicht lesen, schreiben oder fordern lässt, ist nicht einfach. Nur wenige Menschen fühlen sich wohl in ihrer Haut, wenn sie in einem Kreis von Menschen eine Meinung äußern, von der sie nicht wissen, ob ihre Meinung von der Mehrheit geteilt wird. In diesem Buch finden Sie deshalb in einem eigenen Exkurs Hinweise und Tipps, wie Sie auch in ungemütlichen Gesprächssituationen souverän bleiben können (**S. 117 ff.**).

Sich eingebunden, sich nicht isoliert zu fühlen, ist ein Grundbedürfnis des Menschen, wie Neurowissenschaftler und Psychologen immer wieder betonen. Die Theorie der Schweigespirale[1] bezieht sich zunächst genau auf dieses Grundbedürfnis nach Zugehörigkeit. Weil die meisten Menschen soziale Isolation fürchten, beobachten sie – oftmals intuitiv – das Verhalten anderer. Wir alle wollen einschätzen können, welche Meinungen und Verhaltensweisen Zustimmung oder Ablehnung finden. Noelle-Neumann hat die öffentliche Meinung sogar unsere „soziale Haut" genannt. Sagt eine Lehrerin zum Beispiel in einer Konferenz: „Wir müssen uns, finde ich, mehr um das geflüchtete Mädchen Nasarin in der zweiten Klasse kümmern. Sie steht in der Pause häufig allein auf dem Schulhof.", dann registriert sie, ob die Schulleiterin zustimmend nickt oder ob sie den Mund verzieht, ob sich ein ungemütliches Schweigen ausbreitet oder ein nachdenkliches, ob eine Kollegin genervt fragt: „Was sollen wir denn noch alles tun?" oder ob eine andere mit den Worten zustimmt: „Ich wollte sowieso in den zweiten Klassen mit dem Lernbaustein: Freundschaft und Hilfsbereitschaft beginnen. Mal sehen, wie ich Nasarin und das Thema Flucht einbinden kann, ohne sie noch stärker auszugrenzen." Von diesen Reaktionen kann es abhängen, in welcher Art und Weise und ob sich die Lehrerin, die das Thema einbrachte, als Unterstützerin geflüchteter Kinder weiter einbringen wird.

Nicht mit Brandsätzen und Brandanschlägen beginnt der Hass gegen Minderheiten zu keimen, sondern mit diskriminierendem Gerede, dem nicht der energische Widerspruch entgegengesetzt wird. *Rita Süssmuth*

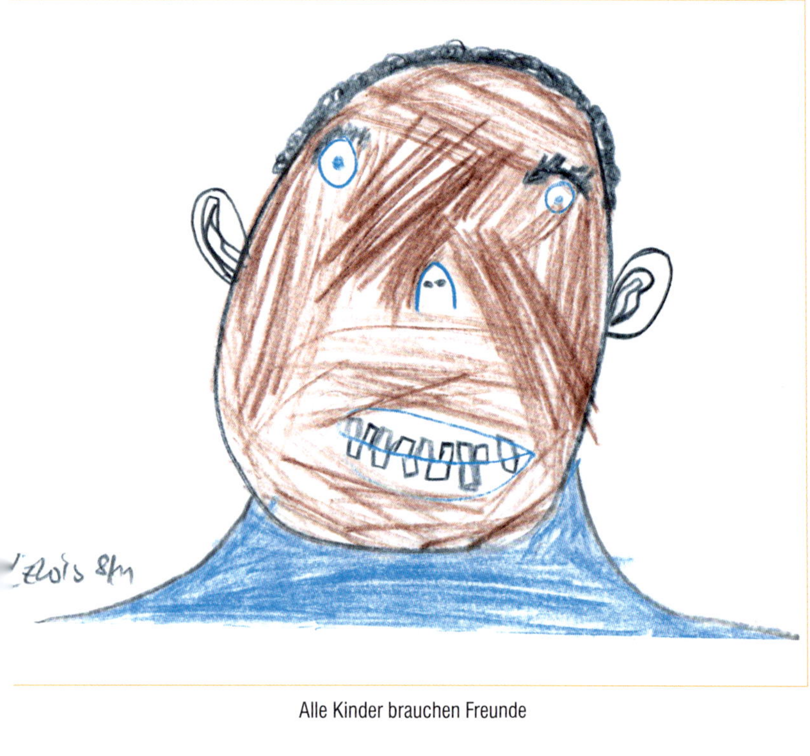

Alle Kinder brauchen Freunde

Minderheit oder Mehrheit?

Noelle-Neumann fiel weiter auf, dass Menschen dazu neigen, ihre eigene Meinung zu verschweigen, wenn sie denken, dass sie sich mit ihrer Meinung dem Isolationsdruck anderer aussetzen würden. Hingegen tendieren diejenigen, die öffentliche Unterstützung spüren, dazu, ihre Meinung laut und deutlich zu äußern. Allerdings – und deshalb nicht leicht zu reflektieren – wirkt Isolationsfurcht unterschwellig: Die meisten Menschen denken nicht bewusst darüber nach, inwieweit sie ihr Verhalten an der öffentlichen Meinung orientieren. Vielleicht kann dieses Buch in dieser Hinsicht einen ermutigenden Impuls geben.

Immer, wenn man die Meinung der Mehrheit teilt, ist es Zeit, sich zu besinnen. *Mark Twain*

Laute Meinungsäußerungen auf der einen und Schweigen auf der anderen Seite setzen also nach den Beobachtungen der Kommunikationsforscherin den Schweigespiralprozess in Gang. Dieser Prozess bekommt seinen entscheidenden Impuls durch Themen, die kontrovers und emotional aufgeladen sind. Themen, die entweder durch einen breiten Konsens getragen werden oder kaum Emotionen erregen, lösen diesen Prozess nicht aus. Interessant und sowohl für den Ausgang von politischen Wahlen[2] als auch für gesellschaftliche Diskussionen wie den Umgang mit geflüchteten Familien relevant, ist die weitergehende Theorie: „Die tatsächliche Stärke der Meinungslager", so Noelle-Neumann, „muss nicht ausschlaggebend sein für ihr Gewicht in einem Schweigespiralprozess. Die Meinung einer Minderheit

Wenn im Rheinland die Jecken auf die Straße gehen, ist Karneval: Kinder mögen lustige Clowns

kann in der Öffentlichkeit als Mehrheit erscheinen, wenn ihre Anhänger nur selbstbewusst genug auftreten und ihre Meinung öffentlich mit Nachdruck vertreten."[3] Obwohl die Macht der Medien zur Lebenszeit der Institutsgründerin noch nicht diese Wucht entfaltet hatte, die uns heute begegnet, war der weitgereisten Wissenschaftlerin klar: „Die Massenmedien können einen maßgeblichen Einfluss auf Prozesse der öffentlichen Meinung ausüben. Wenn die Medien wiederholt (...) und übereinstimmend (...) ein Meinungslager unterstützen, hat es deutlich erhöhte Chancen, aus der Schweigespirale als Sieger hervorzugehen." (Noelle-Neumann)

Wahlfreiheit: sich zu entscheiden, ist nicht einfach

Die Theorie der Schweigespirale bringt in gewisser Weise auf den Punkt, worum es uns mit unserem Buch „Kinder & Werte" geht. Meinungsvielfalt und Pluralität der Lebensweisen sind eine unschätzbare Errungenschaft unser Zeit und unserer Demokratie. Die häufig beschworene Wahlfreiheit führt nach unserer Meinung jedoch auch dazu, dass die Ansprüche an die personalen Kompetenzen von Menschen, sich in dieser Vielfalt zurechtzufinden, nicht ausreichend mitgedacht werden. Es bedarf einer gewissen Anstrengungsbereitschaft, sich mit dem Supermarkt der Möglichkeiten auseinanderzusetzen, um das zu finden, was zu einem selbst passt, und es braucht Mut, seine Auswahl zu vertreten. Meist ist es stressfreier und angenehmer, andere Meinungen einfach „abzunicken".

Die Kirchen und das Christentum müssen sich bemühen, ihr Eigenes wieder verständlich zu machen. Wir müssen uns engagieren und unsere Werte transportieren. Das ist nicht einfach. Wie leben auf einem Markt der Sinnangebote und der Sinnstifter. Ich glaube, dass gerade im Dialog mit Nichtchristen unser eigenes Profil geschärft werden kann.

Bonner Stadtdechant Wilfried Schumacher[4]

Im Rheinland sagt man: „Jeder Jeck ist anders." Das ist eine sehr menschenfreundliche Haltung, die Respekt zeigt vor dem Denken und Handeln jedes Menschen. Wenn aber „Jeder Jeck ist anders." ein Synonym für Gleichgültigkeit und Beliebigkeit wird, geht der Respekt verloren, der sich aus dem speist, was wir von dem anderen und seinen Beweggründen erfahren, wenn wir

So gelingt mir Werteerziehung im Alltag

Die eigenen Reflexionsprozesse beeinflussen die Interaktionen mit den Kindern und unterstützen dadurch den Prozess der Wertebildung und Wertebindung.

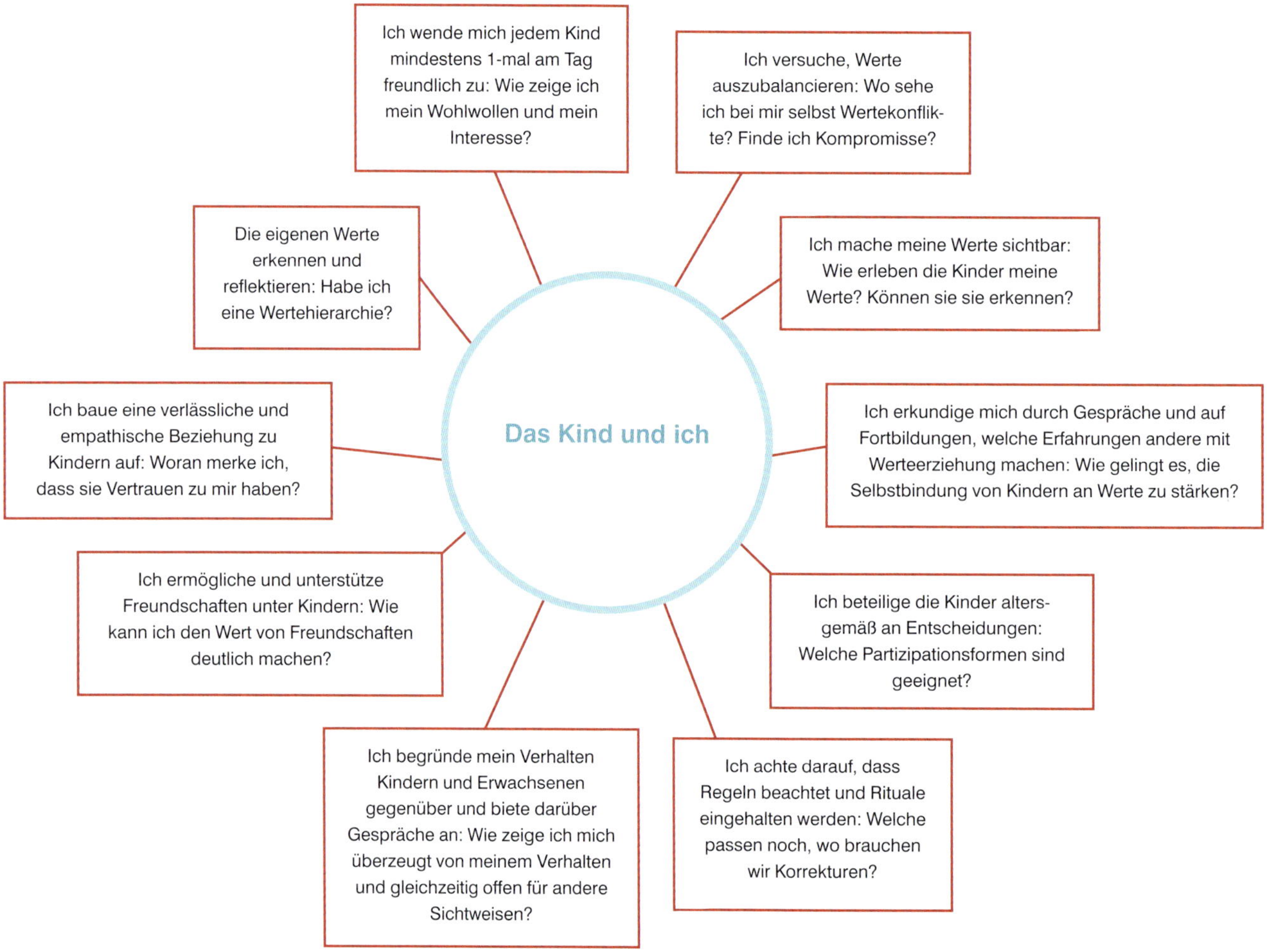

ihm zuhören. Wenn Werte „verschüttgehen", auch eine Wortwendung aus dem Kölner Raum, dann verlieren wir die Übung, über sie zu sprechen, uns über sie auszutauschen, sie für unser Leben zu definieren und je nach Lebenslage neu zu justieren. Es lässt sich vergleichen mit einem Musikinstrument, das man nach vielen, vielen Jahren zum ersten Mal wieder in die Hand nimmt, vielleicht eine Geige. Das polierte Holz in der Hand zu spüren, der Geruch – vertraut und

Wie ein Kind sich fühlt, so drückt es sich in seiner Kunst aus

fremd zugleich. Ein wenig Staub wird weggepustet. Kurze Sequenzen von Kindheit und Jugend tauchen auf und verschwinden wieder. Die aufrechte Haltung, die Geige ans Kinn zu heben, mit der rechten Hand den Bogen aufzunehmen – merkwürdiges Gefühl; etwas unbeholfen und starr steht man da. Und die ersten Töne … sehr kratzig … erst nach und nach, mit jeder Wiederholung wird der Ton sicherer, ruhiger, klarer. Von nun an steigert und formt stetiges Üben die Virtuosität. Mit dem Nachdenken über unsere Werte – es genügen wenige, die uns am Herzen liegen – ist es ähnlich. Es kann passieren, dass wir ungeübt geworden sind, sie zu stimmen und zu spielen. Nur: Wenn wir ungeübt bleiben, wie sollen wir dann Kindern unsere Werte erklären, sie vorleben?

Kinder orientieren sich an uns und unseren Werten. Sie schauen ganz genau hin, vor allem spüren sie jeden Misston zwischen Vorleben und Reden. Sie wollen und brauchen Klarheit, je älter sie werden auch Erläuterungen, Gespräche, Diskussionen. Wertebildung erfolgt im Alltag und muss daher in die alltäglichen Lebensbezüge eingebettet sein. Wie Kinder Erwachsene wahrnehmen, welche Vorbilder sie haben und welche Erfahrungen sie in der Kindertagesstätte oder in der Schule machen, beeinflusst ihre Werteorientierung und spätere Lebensführung maßgeblich.

Dieses Buch ist deshalb ein Potpourri aus Informationen darüber geworden, was hilfreich in der Auseinandersetzung mit den eigenen Werten ist, und was wir darüber wissen sollten, wie Kinder Werte wahrnehmen. Wir Autorinnen haben uns einige Bereiche herausgegriffen und versucht, zu illustrieren und zu beschreiben, woran Kinder im Alltag von Kita und Grundschule erkennen können, was ein wertvolles Verhalten ist (s. **Abb. S. 12**). Kern der Wertevermittlung aber ist es, jedem einzelnen Kind zu zeigen, wie sehr wir es mögen und uns ihm immer wieder zuwenden.

Die Arbeit an diesem Buch hat uns manchmal stocken und abwägen lassen. Wir haben überlegt: Was führt über das Thema eines Kapitels hinaus, lässt aber einen weiteren Rahmen erahnen, in dem das in der Kindheit Ermöglichte weiterwirken und sich entwickeln kann? Und wie positionieren wir uns selbst? Wie begrenzen wir das Thema Werte, das eigentlich grenzenlos ist? Eine aufschlussreiche Reise, auch für uns.

Dass unsere Leserinnen und Leser den einen oder anderen für sie persönlich wertvollen Impuls finden, an dem sie in ihrer Arbeit und im Zusammensein mit Kindern anknüpfen können, wünschen sich

Inge Michels & Alexandra von Plüskow

KAPITEL 1

Werte kontra Beliebigkeit

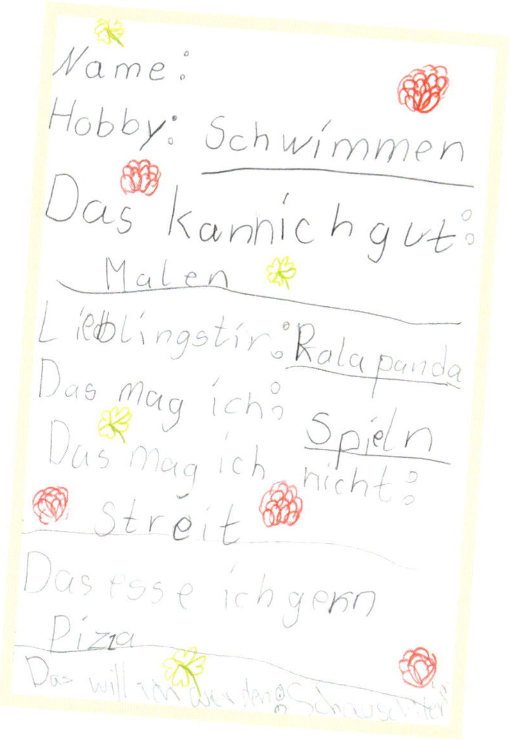

KAPITEL 1

Werte kontra Beliebigkeit

Erwachsene, die jeden Tag mit Kindern und Jugendlichen zusammen sind, mit ihnen arbeiten, sie umsorgen, erziehen und bilden haben die Aufgabe, Kinder und Jugendliche nicht nur dazu zu befähigen, dass sie auswählen und beurteilen können, was ihnen wichtig ist, sondern sogar, dass sie die Ergebnisse dieses bereits anspruchsvollen Prozesses auch vertreten können. Prioritäten setzen, abwägen und vertreten – so könnten wir eine der wichtigsten Aufgaben der Werteerziehung in öffentlichen Einrichtungen auf den Punkt bringen. Und zwar nicht, weil wir einen Werteverfall konstatieren, sondern weil insgesamt und angesichts vielfältiger und konkurrierender Werte das Bedürfnis nach Orientierung zunimmt. Werte*kompetenz* heißt hier das Ziel von Erziehung.

Wie werden Kinder in dieser Hinsicht kompetent? Sie lernen zum Beispiel von anderen Kindern und Erwachsenen, dass nicht alles zu jeder Zeit eine gleiche Gültigkeit besitzt. Sie lernen zu unterscheiden, abzuwägen und Prioritäten zu setzen. Damit machen sie deutlich, was sie wollen, was ihnen wichtig ist, welchem Tun und welchem Interesse sie einen besonderen Wert beimessen. Das kann bei kleinen Kindern heute eine andere Sache sein als gestern oder morgen. Mit zunehmendem Alter werden die Interessen und Talente eines Kindes klarer umrissen, schärfen sich die Konturen, entfalten sich Prioritäten. So entstehen persönliche Leidenschaften, die andere Lebensbereiche berühren und insgesamt Kompetenzzuwächse ermöglichen. Alles ist gut, solange großen und kleinen Menschen nicht alles egal ist.

Dazu ein Beispiel: Lisa ist 13 Jahre alt und möchte Schauspielerin werden. Das war schon in der Kita so. „Da war ich", lacht sie, „einmal ein Baum, einmal ein Engel und einmal eine Ananas." Lisa besuchte eine Kita, in der eine Erzieherin jedes Jahr mit interessierten Kindern ein Mini-Musical aufführte. In der Grundschule stand für sie schnell fest, dass sie in der Theater-AG mitmachen würde. Die Eltern fördern den Wunsch, Schauspielerin zu werden, nicht offensiv, gehen aber auf das Interesse ein, helfen beim Lernen der Texte und besuchen die Aufführungen. In der weiterführenden Schule gibt es das Fach „Darstellen und Gestalten": Klar, dass Lisa dieses Wahlpflichtfach belegt. Mit Erfolg: Die „Eins" auf dem Zeugnis ist ihr in diesem Fach bisher sicher. Jetzt besucht sie in den Ferien auch Theater-Workshops für Kinder; und zum 13. Geburtstag bekommt sie das erste eigene Jugend-Theaterabonnement geschenkt. Was Eltern und Lehrer beobachten:

- Die Lust am Theaterspielen bewirkt, dass Lisa mit erstaunlicher Leichtigkeit lange Texte auswendig lernt.
- Referate sicher vorzutragen, fällt ihr ebenfalls leicht und bringt ihr das eine oder andere „Plus" ein, wenn eine Note „auf der Kippe steht".

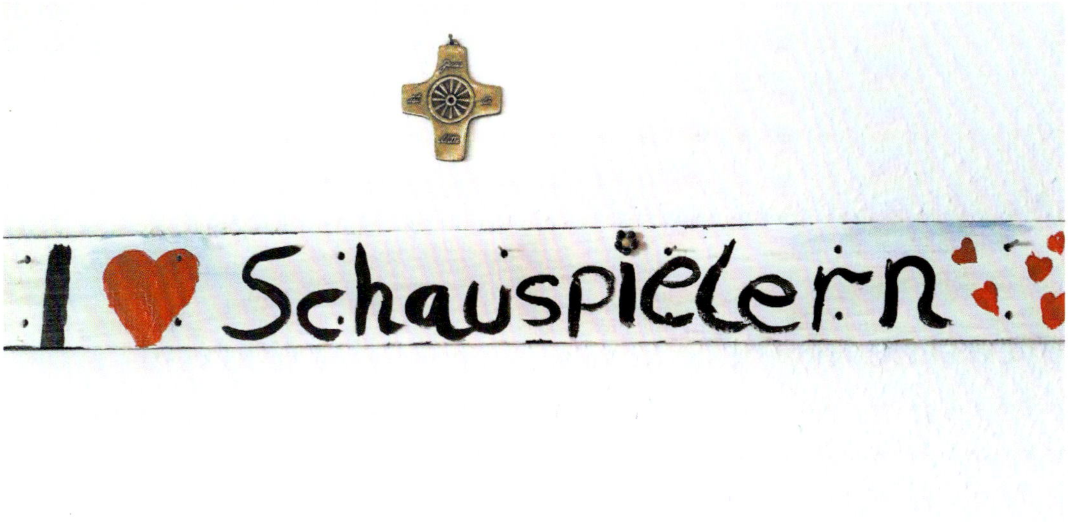

Kreuz und rote Herzchen: In Kinderzimmern treffen Welten aufeinander

- Lisa, die keine flüssige Leserin ist und mit einer Rechtschreibschwäche kämpft, erarbeitet sich über ihr Hobby ein Gefühl für Sprache und Texte, die es ihr ermöglicht, im Fach Deutsch gut mitzuhalten.
- Durch die Auseinandersetzung mit den Inhalten der Theaterstücke und deren Interpretationen nimmt die allgemeine Reflexionsfähigkeit des jungen Mädchens zu.
- Durch die guten Noten im Wahlpflichtfach und das Wohlwollen des Fachlehrers nehmen Lisas Ansprüche an sich und die eigene Leistungsfähigkeit in der Schule ebenfalls zu. Sie möchte Abitur machen.
- Ihr Blick auf die beruflichen Möglichkeiten einer Schauspielerin differenziert sich. Jetzt sagt sie: „Wenn ich das Abitur schaffe, möchte ich eine Schauspielschule besuchen, aber auch auf Lehramt studieren. Dann habe ich eine Alternative, wenn ich als Schauspielerin nicht genug Geld verdiene."
- Durch die regelmäßige Teilnahme an Workshops hat das eher schüchterne und zurückhaltende Mädchen ihre soziale Kompetenz ausgebaut: „Gute Freundinnen sind für mich sehr wichtig. Aber ich kann auch einfach so mit Gleichaltrigen etwas zusammen machen, ohne befreundet zu sein."

Begeisterung und Leidenschaft sind Dünger fürs Gehirn.

Gerald Hüther

Kleine und große Kinder darin zu bestärken, an dem festzuhalten, was ihnen wichtig ist, fördert und fordert sie in mehrerer Hinsicht: Sie werden mit ihren Interessen wahrgenommen, fühlen sich gesehen und in dem, was sie sind und tun, bestätigt. Diese Erfahrung („Die Erzieherin/Die Lehrerin sieht mich.") ist eine ganz entscheidende Form der Bestätigung und Wertschätzung und ein wichtiges Hilfsmittel der Persönlichkeitsentwicklung. Die Qualität dieser Bestätigung entscheidet wiederum über Wohlbefinden und Handlungskompetenz des Kindes.

Wertschätzung: Grundlage für Motivation

„Die mangelnde Ausbildungsreife von Schulabgängern ist das Ausbildungshemmnis Nr. 1 für die Betriebe", sagte der Präsident des Deutschen Industrie- und Handelskammertages (DIHK), Eric Schweitzer, bei der Vorstellung einer DIHK-Ausbildungsumfrage. Dabei verwies er zwar auch auf fehlende Kenntnisse in Deutsch und Mathematik, ihn trieb aber vielmehr etwas anderes um: mangelnde Belastbarkeit, fehlende Leistungsbereitschaft und Motivation, unzureichende Umgangsformen, unklare Berufsvorstellungen. Unzureichende Leistungsbereitschaft und Motivation nannten die befragten Ausbilder zu über 55 Prozent als Ausbildungshindernis, fehlendes Interesse und geringe Aufgeschlossenheit zu knapp 35 Prozent.[5]

Angesichts dieses nicht so guten Zeugnisses stellt sich die Frage, wie Erwachsene Kinder zu Anstrengungsbereitschaft und Motivation anregen können und was Motivation eigentlich ist. In der Psychologie versteht man unter Motivation eine Disposition (überdauerndes Merkmal einer Person, Persönlichkeitseigenschaft), nach einem bestimmten wertebezogenen Ziel zu streben. Ein Motiv hat deshalb immer etwas mit einer überdauernden, wertegebundenen Handlungsbereitschaft zu tun. *Dazu ein Beispiel*: Wenn Sie dazu tendieren, Ihre Aktivitäten häufig nach dem Ziel auszurichten, gute Leistungen (z. B. in Hobby und Beruf) zu erbringen (und somit Leistung als etwas Positives bewerten), kann man bei Ihnen von einem Leistungsmotiv sprechen.

Wie also entsteht Motivation und wie können Fachkräfte sie fördern? Zu dieser Frage

Kreativität ist ein Ausdruck von Selbstwirksamkeit

gibt es ganze Bücher. Grundsätzlich wird unterschieden zwischen intrinsischer und extrinsischer Motivation. Typische intrinsische Motive sind z.B. Interesse, Wissensdrang und Neugier einer Person. Bei der extrinsischen Motivation geht es eher um Benotung, Lob, Anerkennung oder Prestige; hier liegt das Motiv außerhalb der Person. Selbstwirksamkeitserwartungen sind eine wichtige Komponente bei der Entwicklung von Motivation. Sie beeinflussen vor allem die Auswahl von Handlungen (Schwierigkeitsgrad), die investierte Anstrengung im Zielerreichungsprozess, die Ausdauer angesichts von Schwierigkeiten und Barrieren sowie indirekt den Grad des Handlungserfolges.[6] Wie aber erlangen Kinder diese Selbstwirksamkeit?

Der kanadische Psychologe Albert Bandura prägte vor etwa 30 Jahren den Begriff der Selbstwirksamkeitserwartung. Er bezeichnete damit den Grad der Gewissheit einer Person, dass sie aufgrund ihrer Kompetenz gewisse Aufgaben erfolgreich lösen kann – sei es allein oder mit (selbst organisierter) Unterstützung. Diese Erwartungshaltung ist bei jedem Menschen verschieden stark ausgeprägt – und zwar nicht nur aufgrund seiner realen Kompetenz, sondern in Korrespondenz mit seinen Erfahrungen, die er als Kind und Jugendlicher sammeln konnte. Kinder, die ermutigt und bereits auf kleine Fortschritte hingewiesen werden, lassen sich nicht so schnell entmutigen. Eine selbstwirksame Person denkt nach einem Fehlversuch zum Beispiel: „Dass es nicht klappte, lag vielleicht daran, dass die Rahmenbedingungen nicht stimmten. Beim nächsten Mal achte ich darauf."

Junge Menschen haben ihre eigenen Fragen, ihre eigenen Sorgen, Träume und Freuden, ihre eigenen jugendlichen Meinungen und ihre eigene junge Posie. Oft verbergen sie dies alles vor den Erwachsenen aus Scham, aus Mangel an Vertrauen und aus Furcht, sich lächerlich zu machen.

Janusz Korczak

In der Literatur zur sozial-emotionalen Entwicklung im frühen Kindesalter spielt Selbstwirksamkeit eine wesentliche Rolle. Kinder erwerben ihr Bild von sich selbst einerseits durch Experimentieren und Ausprobieren und den Konsequenzen ihres Tuns. Andererseits spielt die Rückmeldung, die das Kind von seiner sozialen Umwelt bekommt, eine wichtige Rolle. Die Autorin Eva Müller schreibt in „Kindergarten heute – Das Leitungsheft" (Ausgabe 2/2012, S. 4): „Grundsätzlich hat jedes Kind von Geburt an ein großes Bedürfnis, soziale Resonanz zu erleben. Aufmerksamkeit und anerkennendes Interesse an seinem Tun beflügeln seine Bemühungen, seine Motivation und seine Lust, etwas zu meistern oder zu verstehen."

„Alle Kinder haben starke Seiten!“

Davon ist Meinolf Padberg, Lehrer an der Möhnesee-Schule (Sekundarschule, NRW), felsenfest überzeugt. Aufgabe von pädagogischen Fachkräften ist es folglich, Kinder zu ermutigen und zu unterstützen, ihre ganz persönlichen starken Seiten herauszufinden. In einem Interview[7] erklärt er das besondere Profil der Möhnesee-Schule: „Wir arbeiten mit dem Ziel, von Anfang an die Stärken unserer Schülerinnen und Schüler in den Blick zu nehmen und sie darin anzuleiten, sich selbst mit ihren Kompetenzen wahrzunehmen.“ Wie das konkret aussieht, schildert der erfahrene Pädagoge wie folgt: „Im Übergang von der Grundschule zur Sekundarschule tut es allen Kindern gut, mit viel Rückenwind in die neue Schulform zu starten. Deshalb sammeln unsere Schülerinnen und Schüler von der ersten Woche an in einer Kompetenzmappe ihre persönlichen Stärken. Dabei hilft ihnen eine ‚Schatzkarte‘ (s. **Abb. S. 21**) mit Schlüsselfragen, die auf das Erkennen von Stärken gerichtet sind. Aber auch Eltern, Lehrer, Verwandte, Nachbarn, Trainer und andere, die die Schüler gut kennen, schreiben etwas über die starken Seiten eines Schülers. Dazu gibt es vorstrukturierte Formblätter mit Einleitungstexten, die das Ausfüllen erleichtern. Dabei reicht es nicht, Stärken lediglich stichwortartig aufzulisten. Im Laufe der Jahre werden die Jugendlichen auch darin angeleitet, ihre Stärken zu reflektieren. Fragen, die dabei helfen, lauten zum Beispiel: ‚Wann hast du diese Stärke an dir entdeckt? Wie hast du diese Stärke entdeckt?‘ Kinder, die wissen, was sie können, wissen auch irgendwann, was sie wollen und was sie dafür tun müssen. Was aus ihnen wird, ist ihnen nicht ‚egal‘.“

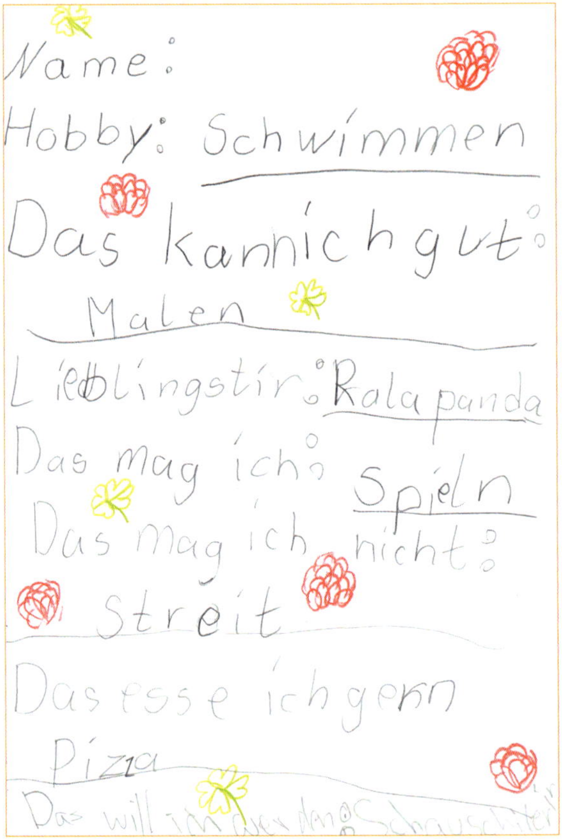

Es gibt viele Möglichkeiten, Kinder zu bestärken und anzuregen, eine positive Vorstellung von sich selbst zu entwickeln

Reflektieren über und mit Kindern in der Kita und Grundschule:

- Betrachten Sie die Kinder Ihrer Lerngruppe. Was fällt Ihnen auf? Achten Sie dabei darauf, nicht defizitorientiert vorzugehen, sondern die Kinder mitsamt ihren Fähigkeiten und Fertigkeiten umfassend zu betrachten.
- Notieren Sie Ihre Beobachtungen: Worin liegen Ihrer Meinung nach die besonderen Stärken des jeweiligen Kindes, woran könnte es noch arbeiten?
- Bitten Sie das Kind zu einem Gespräch. Sie können hierfür z. B. eine Einladungskarte verfassen, um die Besonderheit des Gespräches zu betonen.
- Organisieren Sie hierzu einen Raum, in dem Sie nicht gestört werden. Bereiten Sie diesen vor, „zünden“ Sie etwa ein LED-Teelicht an, und bieten Sie ggf. etwas zu trinken an.
- Beginnen Sie: „In diesem Gespräch geht es um dich. Was meinst du, wie geht es dir in der Kindergruppe / Klasse?“ Hören Sie gut zu, bestätigen Sie das Kind im Gespräch und wiederholen Sie mit einfachen, eigenen Worten die Aussagen des Kindes.
- Schildern Sie selbst dem Kind, wo Sie zurzeit dessen Stärken in der Kindergruppe oder in der Klasse sehen. Bitten Sie es um eine kurze Rückmeldung hierzu.
- Besprechen Sie gemeinsam, woran das Kind arbeiten möchte. Möchte es etwa noch mehr seine Kompetenzen im Bereich „Ordnung schaffen“ ausbauen? Möchte es gezielt an einem Projekt arbeiten? Wem möchte es helfen – und von wem würde es sich selbst gern helfen lassen?
- Besprechen Sie gemeinsam, wie die Ziele zu erreichen sein werden und formulieren sie ein gemeinsames Ziel. Verabreden Sie einen Zeitpunkt, an dem Sie gemeinsam mit dem Kind über dieses Ziel reflektieren möchten – und die Inhalte ggf. modifizieren können.

Schatzkarte mit Schlüsselfragen, um eigene Stärken erkennen zu können

Abbildung mit freundlicher Genehmigung durch Meinolf Padberg (Berufsorientierungs-Koordinator), Projekt „Starke Seiten“ der Möhnesee-Schule / Körbecke

Kinder fühlen sich nicht gern „different", sie wollen dazugehören. Erst als Jugendliche schwimmen sie auch gern mal gegen den Strom

Jedes Kind ist exklusiv

Dass dieses „Ich sehe dich mit deinen Stärken und Talenten." nicht selbstverständlich ist, beschreibt die Kindheitsexpertin Fabienne Becker-Stoll in einem Interview mit der „Zeit"[8]: „Wir wollten für eine Studie wissen, wie viele individualisierte Gesprächsangebote in der Kita ein Kind innerhalb einer Woche bekommt, und haben erfasst, wie oft eine Erzieherin das Kind direkt anspricht oder aus einer Alltagssituation ein Gespräch entwickelt. Und obwohl wir Begrüßung und Verabschiedung mitgezählt haben, gab es Kinder, die in der gesamten Woche nicht ein einziges Mal direkt angesprochen wurden. Sie wurden also nicht mal begrüßt oder verabschiedet. (...) Ein Kind, das (...) nicht ab und zu die exklusive Aufmerksamkeit der Erzieherin bekommt, wird nie in der Lage sein, sich frei zu entfalten und seinem Bedürfnis nachzugehen, die Welt zu entdecken."

Diese „Exklusivität" ist in den ersten Jahren eine unschätzbare Bestätigung, die Selbstwirksamkeit nach sich zieht, und viele Jahre später noch das Zutrauen erwachsener Menschen in sich selbst beeinflusst. Selbstwirksamkeit legt das Fundament, damit Kinder zu einer stabilen

Persönlichkeit reifen können, die sowohl eigene Interessen als auch die anderer Menschen wahrnehmen und vertreten kann.

Wenn Kinder erleben, dass es nicht egal ist, wer sie sind und was sie tun, dass Jonas kein x-beliebiger Junge und Emma kein x-beliebiges Mädchen ist, dann lernen sie etwas Wichtiges in Bezug auf unser Thema Werte kennen: Zu Personen, Dingen und Themen kann man sich verhalten. Ihnen darf man einen eigenen, ganz persönlichen Wert beimessen und sich dafür stark machen. Im Unterschied dazu beinhaltet „Beliebigkeit", dass man zu einer Frage keine wirkliche Überzeugung oder Position hat oder dass man einer Frage keine besondere Bedeutung zumisst.

Sicher muss man nicht zu jedem Thema oder zu jeder Person eine ausgeprägte Haltung entwickeln. Das gelingt keinem Menschen und dieser Anspruch würde jeden überfordern. Aber es fällt auf, dass allzu häufig der anspruchsvolle Wert Toleranz mit Beliebigkeit verwechselt wird. Nach dem Motto: „Alles ist erlaubt, alles ist gleich, alles ist egal!" besteht die Gefahr, dass der Grundkonsens einer Gesellschaft, auf die sie sich einmal verständigt hat (z. B. durch das Grundgesetz), brüchig und porös wird. Toleranz bedeutet, Respekt zu haben und zu zeigen gegenüber anderen Meinungen. Toleranz heißt nicht, sich keine eigene begründete Meinung zu bilden.

„Generation im Aufbruch"

Malte der Präsident des Deutschen Industrie- und Handelskammertages (DIHK) aus seiner Sicht auf Jugendliche in Ausbildung ein eher kritisches Bild, so zeichnet die Shell-Jugendstudie ein anderes. „Die Jugend" oder „die Kinder" gibt es nun einmal nicht. An den Ergebnissen der Jugendstudie können wir gut erkennen, dass es Lehrerinnen und Lehrern, Erzieherinnen und Erziehern in vielen Schulen und Einrichtungen gut gelingt, die Selbstwirksamkeit der Kinder zu stützen und zu fördern.

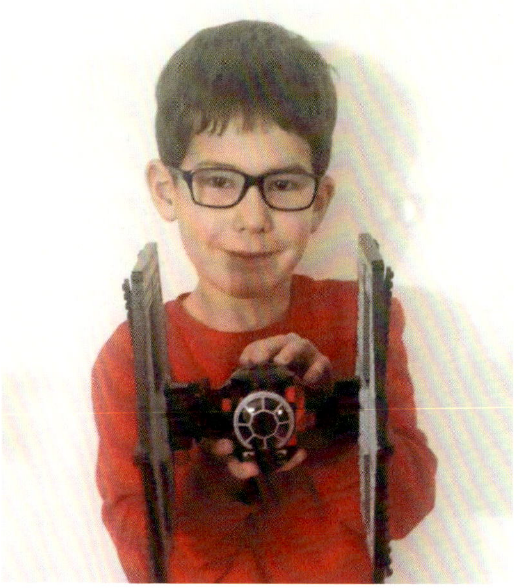

Ganz allein gebaut!

Nach der Shell-Jugendstudie[9] von 2015 stehen Werte wie Freundschaft, Partnerschaft und Familie bei Jugendlichen an erster Stelle. 89 Prozent finden es besonders wichtig, gute Freunde zu haben, 85 Prozent, einen Partner zu haben, dem sie vertrauen können, und 72 Prozent, ein gutes Familienleben zu führen. Fast zwei Drittel der Jugendlichen legen großen Wert auf den Respekt vor Gesetz und Ordnung, viele wollen fleißig und ehrgeizig sein. Wichtiger als in den älteren Studien ist ihnen die Bereitschaft zum umwelt- und gesundheitsbewussten Verhalten. Dagegen haben materielle Werte wie Macht oder ein hoher Lebensstan-

Jedes Kind ist ein Experte/eine Expertin

Jedes Kind hat seine speziellen Neigungen und Fähigkeiten. Diese können in der Grundschule in besonderer Form gefördert werden, etwa durch Dienste in der Klasse, die jedem Kind die Möglichkeit geben, sich optimal mit seinen Fertigkeiten in die Lerngruppe einzubringen.
Fällt Ihnen auf, dass ein Kind prima Ordnung hält? Dann ist es perfekt geeignet für den Ordnungsdienst, z. B. im Bücher- oder Schuhregal. Ein anderes Kind achtet auf den reibungslosen Ablauf des Unterrichts. Dann kann es sich als „Stundenplanwächter“ einbringen, anhand einer im Klassenraum angebrachten Stundenplan-Tabelle. Schon Kindergartenkinder nehmen ihre Dienste innerhalb der Gruppe sehr ernst. Sie können bereits den Tisch auf- und abdecken, die Blumen gießen, für Ordnung beim Spielmaterial oder im Schuhschrank sorgen. Als besonderes Plus in der Grundschule ist das „Expertentum“ anzusehen. Im Rahmen der Freiarbeit kann z. B. jedes einzelne Kind als Experte oder Expertin für eine Aufgabe ernannt werden. Dieser bzw. diese achtet darauf, dass alle Materialien wieder an den dafür vorgesehenen Platz zurückgelegt werden oder sie stehen bei Fragen rund um diese Aufgaben den anderen Kindern mit Rat und Tat zur Seite. Am Ende einer Woche sollten die Dienste und das Expertentum der einzelnen Kinder Würdigung erfahren. Hierzu finden sich alle Kinder im Stuhlkreis zusammen. Die pädagogische Fachkraft oder Lehrkraft legt Foto oder Namenkärtchen eines jeden Kindes in die Mitte. Reihum nehmen die Kinder ein Foto oder Kärtchen an sich und erzählen, was diesem Kind in dieser Woche gut gelungen ist: „Maja hat mir in dieser Woche sehr geholfen, meine Arbeitsblätter in die Mappe zu heften.“/„Danke, Samir, dass du in dieser Woche den Tisch schön gedeckt hast.“/„Unsere Blumen blühen so schön, weil Niklas sie so gut gegossen hat.“ Das Verbalisieren dieser Handlungen erfordert einiges Einfühlungsvermögen und ein gutes Sprachvermögen der Kinder. Deshalb ist es hilfreich, wenn die pädagogische Fachkraft oder Lehrkraft die Kinder dabei Schritt für Schritt unterstützt.

Kinder brauchen Erwachsene, die sie bestärken

„Du bist mir nicht egal“ – kleine Gesten, große Wirkung

- Ein Kind bewusst anlächeln.
- Ein Kind ermutigen, seine Meinung zu sagen, und diese nicht bewerten.
- Hin und wieder die Unterschiede der Kinder in der Gruppe/Klasse aufgreifen und die positiven Aspekte würdigen.
- Kooperierendes Verhalten würdigen und die positiven Folgen für die Gruppe aufzeigen.
- Kindern Entscheidungsspielräume zugestehen und Entscheidungen akzeptieren.
- Echtes Interesse durch freundliches Nachfragen zeigen (offene Fragen stellen, schüchterne Kinder nicht zu Antworten drängen).
- Bei jedem Gespräch sollte auch die Körpersprache freundliche Zuwendung signalisieren (Aufmerksamkeit, Augenkontakt, der Körper ist dem Kind zugewandt).
- Kinder um Unterstützung bitten.

Kinder blicken meist zuversichtlich in die Welt und entdecken die schönen Seiten des Lebens

dard eher an Bedeutung verloren. Sehr viele Jugendliche finden es wichtig, die Vielfalt der Menschen anzuerkennen und zu respektieren.

Sie sind jedoch auch bereit, sich für die Belange anderer Menschen oder der Gesellschaft einzusetzen. Leistungsnormen sind zentrale Orientierungspunkte, aber auch Tradition und Tugenden werden nicht abgelehnt. Gleichzeitig folgt die junge Generation bei ihrer Zukunftsorientierung inzwischen vermehrt auch wieder eher idealistischen Vorstellungen. Sie interessieren sich wieder mehr für gesellschaftspolitische Themen und wollen sich verstärkt in soziale Gestaltungsprozesse einbringen: „Die Jugendlichen wollen zupacken, umkrempeln, neue Horizonte erschließen und sind dabei auch bereit, Risiken einzugehen. Die junge Generation in Deutschland kann deshalb als ‚Generation im Aufbruch‘ bezeichnet werden." (Zitat aus der Studie 2015)

Erzieherinnen und Lehrerinnen können im Erziehungsalltag Kindern das Erleben von Selbstwirksamkeit, Einzigartigkeit aber auch Zugehörigkeit zur Gruppe und Engagement für andere ermöglichen. Wenn sie signalisieren „Du bist mir nicht egal!", dann bestärken sie die jungen, heranreifenden Persönlichkeiten darin, sich für das, was ihnen wertvoll ist, einzusetzen. Das hat weitreichende Folgen, wie der Medizinsoziologe Aaron Antonovsky (1923–1994) herausfand. Er prägte den Begriff der Salutogenese (Entstehung von Gesundheit), nachdem er durch seine Erforschungen Folgendes herausgefunden hatte: Menschen, die die Welt verstehen und Zusammenhänge begreifen, die außerdem das Gefühl haben, etwas bewirken zu können und darin einen Sinn sehen, bleiben eher gesund. Antonovsky spricht hier von einem Kohärenzgefühl. Damit ist ein positives, aktives Selbstbild gemeint, welches mit der Zuversicht gepaart ist, handlungsfähig zu sein und das Leben gestalten zu können.

Ein Mensch mit hohem Kohärenzgefühl empfindet die Welt als zusammenhängend und sinnvoll. Je stärker dieses Kohärenzgefühl ist, desto höher ist die Wahrscheinlichkeit, dass Stress und Belastungen, die nun einmal zum Leben dazugehören, bewältigt werden können. Studien mit Führungskräften wiesen nach, dass jene „Chefs" häufiger erkrankten, die Entfremdungstendenzen, Gleichgültigkeit, starre Gewohnheiten und Hilflosigkeit angesichts besonderer Herausforderungen zeigten. Die Gesunden zeichneten sich dagegen durch Engagement, Neugier und Flexibilität bei Aufgabenstellungen aus.[10]

Was uns wichtig ist, gibt dem Leben seinen Glanz

In den letzten Jahren und Jahrzehnten hat es rasante Veränderungen hinsichtlich des Zusammenlebens von Menschen, Berufsperspektiven und Lebensentwürfen gegeben. Das Tempo der Veränderungen nimmt unaufhaltsam zu. Wir leben in einer Möglichkeitsgesellschaft, in der das Individuum ständig neue Entscheidungen treffen muss und immer mehr zum Manager seiner Existenz wird.
Da von der Umwelt kaum noch allgemeinverbindliche Normen und Werte gesetzt, geschweige denn vorgelebt werden, muss der Einzelne sich selbst Werte geben, sich selbst definieren und seinem Leben einen Sinn geben.

Michael Schimpke[11]

Über Werte nachdenken

Als Erwachsene brauchen wir manchmal neue Anstöße, um zu reflektieren, was uns im Leben wirklich wichtig ist. Häufig merken wir erst spät, dass ein für uns bedeutender Wert in den Hintergrund getreten ist. Wir fühlen uns vielleicht diffus unwohl, irgendwie nicht richtig zufrieden und wissen nicht genau, woran das liegt. Wir (die beiden Autorinnen) haben uns darüber Gedanken gemacht, was uns und anderen im Leben wichtig sein könnte, woran wir das merken und woran andere Menschen dies erkennen können. Wenn Sie mögen, überprüfen Sie die Liste für sich, ergänzen diese auf einem Extrablatt (s. **Download**) und reflektieren Ihre eigene Wertehierarchie (**s. S. 27 f.**).

Rolle rückwärts

Viele Menschen ringen um Halt, Richtung und Beständigkeit. 2015 konstatierte der Zukunftsforscher Horst W. Opaschowski eine „Rolle rückwärts" in der Werteorientierung. Er schreibt auf seiner Homepage: „Konvention verdrängt die Emanzipation und Fleiß die Lebensfreude. Die Menschen orientieren sich wieder mehr an bürgerlich-konservativen Werten und traditionellen Arbeitstugenden."[12]

Dazu aus seiner „WachstumsAgenda21":

„(...) Alles wächst.
Es wächst die Sehnsucht
nach einem Leben nach Maß
und einer Gesellschaft im Gleichgewicht.
Es wächst die Suche nach Sinn,
nach Halt, nach Heimat und Natur,
nach Verantwortung und Verlässlichkeit.
Es wächst die Lust am Gemein- und Bürgersinn
und die Lust an einer Entmachtung der Parteien.
Es wächst das Vertrauen in Familie,
Freundeskreis und Nachbarschaft.
Es wächst die Solidarität der Generationen,
weil auch die nächsten Generationen
eine Zukunft haben wollen.
Wachstum um jeden Preis hat seinen Preis."

Über Werte nachdenken: Was mir im Leben wichtig ist!

Das ist mir …	sehr wichtig.	… wichtig.	… nicht so wichtig.	Daran erkenne ich, was mir wichtig ist.	Daran erkennen andere, was mir wichtig ist.
Anstand		☺			
Aufgeschlossenheit		☺			In Gesprächen lasse ich mich voll und ganz auf mein Gegenüber ein.
Beliebtheit			😐		
Beständigkeit					
Bildung	☺☺				
Demut			😐		
Diskussion		☺		Mich interessieren viele Themen und die Meinung anderer Menschen dazu.	Ich frage häufig nach und gebe mich mit raschen Antworten nicht zufrieden.
Ehrlichkeit	☺☺				
Erfolg			😐		
Familie		☺			
Fleiß		☺			
Freiheit	☺☺	☺		Ich reagiere manchmal ungehalten, wenn ich mich anpassen soll.	Ich nehme manchmal lieber Hindernisse und Umstände in Kauf, wenn ich dafür „meine eigenes Ding“ machen kann.
Freundschaft	☺☺				Ich nehme mir bewusst Zeit für meine Freunde und unternehme etwas mit ihnen.
Frieden	☺☺				
Führung			😐		
Gastfreundschaft	☺☺			Ich fühle mich wohl, wenn ich Gäste bewirten kann.	Ich feiere gern und lade Gäste zu mir ein.
Gehorsam			😐		
Gemeinschaft	☺☺				
Genuss	☺☺			Essen und Trinken sind für mich mehr, als nur Nahrungsaufnahme. Ich esse selten „zwischendurch“.	Wenn Ambiente und Service im Restaurant nicht stimmen, gehe ich nicht mehr dorthin.
Gerechtigkeit	☺☺				
Gesundheit	☺☺				
Großzügigkeit	☺☺			Ich kann gut abgeben und teilen.	Ich biete schnell etwas von meinen Ressourcen an, wenn ich sehe, etwas fehlt.
Harmonie		☺			
Individualität	☺☺				
Heimatverbundenheit			😐		

Das ist mir …	sehr wichtig.	… wichtig.	… nicht so wichtig.	Daran erkenne ich, was mir wichtig ist.	Daran erkennen andere, was mir wichtig ist.
Hilfsbereitschaft	☺☺				
Kontrolle		☺			
Leistung			😐		
Lernen		☺			
Liebe	☺☺				
Loyalität			😐		
Macht			😐		
Mut		☺			
Nachhaltigkeit	☺☺				
Nächstenliebe	☺☺				
Natur		☺			
Offenheit		☺			
Ordnung		☺			
Partnerschaft	☺☺				
Privatsphäre		☺			
Reichtum			😐		
Respekt	☺☺				
Selbstbestimmung	☺☺				
Sicherheit		☺			
Sorgfalt		☺			
Spiritualität			😐		
Toleranz	☺☺				
Umweltschutz			😐		
Unabhängigkeit	☺☺				
Würde	☺☺				
Zugehörigkeit	☺☺			Ich fühle mich unwohl, wenn ich mich in einer Gruppe ausgeschlossen fühle. Da reagiere ich sehr empfindlich.	Ich versuche privat und beruflich, Menschen einzubinden, z. B. lade ich Nachbarn regelmäßig zu mir ein. Die Kinder halte ich dazu an, niemanden auszuschließen.
Zuverlässigkeit		☺		Zusagen schaffe ich nicht immer, einzuhalten. Dann plagt mich ein schlechtes Gewissen.	Ich gebe einigermaßen zuverlässig Bescheid, wenn ich etwas nicht einhalten kann.

EXKURS 1

Margit Franz

Werte, Ethik, Regeln, Tugenden. Eine Begriffserklärung.

„Werte" – der Begriff wird viel gebraucht. Aber meinen wir immer alle das Gleiche, wenn wir von „Werten" sprechen? Was bedeutet das Wort eigentlich? Und was unterscheidet „Werte" von verwandten Begriffen?

Werte

Das Wort „Wert" leitet sich vom Althochdeutschen „werd" (Kaufpreis, kostbare Ware) ab. Werte sind „gemeinsam geteilte Auffassungen vom Wünschenswerten" (Kluckhohn 1954, S. 395). Das, was wir uns für unser eigenes Leben sowie Zusammenleben mit anderen Menschen wünschen, also als erstrebenswert erachten, sind meist grundlegende Werte wie Toleranz, Achtung, Respekt, Freiheit, Gerechtigkeit, Frieden, Freundschaft ... Werte existieren nicht an sich, sie müssen gelebt werden. Im Denken und Handeln orientieren sich Menschen immer an Werten. Dies geschieht oft unbewusst und wird meist dann deutlich, wenn wir etwas als gut oder schlecht bewerten oder unsere Werte als gefährdet oder gar verletzt sehen. Situationen und Verhaltensweisen werden auf der Grundlage persönlicher Wertmaßstäbe bewertet, wertgeschätzt oder missachtet.

Ethik

Das Wort „Ethik" kommt aus dem Griechisch-Lateinischen „ethos" (Gewohnheiten, die gewohnte Art des Menschen, sich zu verhalten). Ethik ist die zentrale Disziplin der (praktischen) Philosophie. Sie er- und begründet moralische Prinzipien, Werte, Motive, Wirkungen und möchte zu rechtmäßigem Verhalten motivieren. Von Menschen, die mit jungen oder alten Menschen professionell arbeiten, wünschen wir uns, dass sie ihren Beruf nach „bestem Wissen und Gewissen" ausüben und so etwas wie eine berufliche Ethik haben.

Moral

Das Wort „Moral" geht auf das französische „morale" (Sitte, Brauch, Gewohnheit, Charakter) sowie das Lateinische „moralis" (sittlich) zurück. Die in einer Gesellschaft geltenden Normen- und Regelsysteme werden als Moral verstanden. Das moralische Verständnis (Einstellungen, Haltungen) eines Menschen bestimmt sein privates wie auch berufliches Handeln. Viele Fabeln und Märchen enden mit dem Satz „Und die Moral von der Geschicht ..." – der Abschluss einer Geschichte möchte den Leser oder Zuhörer moralisch belehren.

Normen

Das Wort „Norm“ leitet sich vom Lateinischen „norma“ (Regel, Muster, Richtschnur, Maßstab, Vorschrift, leitender Grundsatz) ab (vgl. Höffe 1997, S. 218). Ein Wert wie Sicherheit hat zwar allgemeingültigen Charakter, sagt jedoch nichts darüber aus, wie er in einer Gesellschaft praktisch verwirklicht wird. Normen formulieren konkrete Konsequenzen zu einem Wert (z. B. Verkehrsregeln, um die Sicherheit auf den Straßen zu gewährleisten). Normen sind somit soziale Konventionen, die Aussagen darüber treffen, wie sich Menschen in bestimmten Situationen zu verhalten haben (z. B. im Straßenverkehr). Bei normungerechtem Verhalten drohen Sanktionen in Form von Zurechtweisungen oder Strafen (z. B. das bekannte „Knöllchen“, wenn wir zu schnell fahren oder falsch parken). Hieran wird deutlich, dass Werte etwas wünschenswert Positives sind, während Normen begrenzen und sanktionieren, indem sie bestimmte Verhaltensmöglichkeiten, die ein Individuum hätte, als unzulässig ausschließen.

Regeln

Das Wort „Regel“ leitet sich aus dem Lateinischen „regula“ (Maßstab, Richtschnur) ab. Wenn Menschen zusammenleben, vereinbaren sie Regeln, damit das Miteinander funktionieren kann. Viele alltägliche Regeln sind uns in „Fleisch und Blut“ übergegangen, wie z. B. die Schuhe abzuputzen, bevor wir ein Haus betreten, oder vor dem Essen die Hände zu waschen. Im Gegensatz zu Werten (Tugenden) sind Regeln wie auch Normen konkret erfahrbar, vor allem, wenn wir sie nicht einhalten oder übertreten. Regeln haben keine universelle Gültigkeit. In Familie, Tagespflege, Kita, Schule ... gelten möglicherweise unterschiedliche Regeln. Regeln können zudem einer besonderen Situation angepasst werden, z. B. gelten bei der Tagesmutter für ein neues oder ein sehr schüchternes, ein sehr junges oder ausländisches Kind zunächst andere Regeln als für jene Kinder, die sich schon gut eingewöhnt haben. Wenn Kinder ständig Regeln unterwandern, kann dies ein Hinweis dafür sein, dass sie den Sinn der Regel nicht verstehen. Wenn immer wieder „Ausnahmen von der Regel“ gemacht werden und die Regel darin besteht, sie nicht zu befolgen, ist die Regel überflüssig.

Tugenden

Das Wort „Tugend“ leitet sich vom Lateinischen „virtus“ (Krieger, der als Träger der Tugenden galt) ab. Damit gemeint sind sittliche Grundhaltungen, die den Menschen in seinem Alltagshandeln leiten. Wenn wir an den etwas antiquierten Begriff „Tugend“ denken, fallen uns eventuell tugendhafte Gedichte aus den Poesiealben der 1970er-Jahre ein, in denen Eigenschaften wie Bescheidenheit, Reinlichkeit, Fleiß, Sparsamkeit, Ordentlichkeit genannt werden. Tugenden wie Höflichkeit, Pünktlichkeit, Freundlichkeit, Zuverlässigkeit, Dankbarkeit, Einfühlungsvermögen, Gemeinschaftssinn, Mitgefühl ... können auch als „prosoziale Werte“ (Hillmann 2003, S. 199) bezeichnet werden.

Traditionen

Das Wort „Tradition“ leitet sich aus dem Lateinischen „traditio“ (Übergabe, Auslieferung, Überlieferung) ab. Gepflogenheiten, Sitten und (Ge-)Bräuche bilden eine wichtige Grundlage sozialen Lebens und Handelns. Mit Traditionen grenzen sich soziale Gruppen von anderen ab, entwickeln eine eigene Kultur, die als kulturelles Erbe an die nächste Generation weitergegeben und „überliefert“ wird. Kinder wachsen in familiäre, institutionelle wie auch gesellschaftliche Traditionen hinein, indem sie diese erleben. Traditionen sollten von Zeit zu Zeit überdacht und vor dem Werte-Hintergrund kritisch reflektiert werden: Welche Werte vermittelt eine Tradition? Wo verhindert Tradition Innovation?

Rituale

Das Wort „Ritual" stammt vom Lateinischen „ritualis" (den Ritus betreffend) ab. Ein Ritual ist eine gleichbleibende Handlung, die in alltäglichen, kulturellen oder religiösen Zusammenhängen praktiziert wird. Insbesondere religiöse Rituale können einen hohen Symbolgehalt haben. Rituale, die Menschen miteinander pflegen, fördern Gemeinschaft, Gruppenzusammenhalt und Verständigung. Viele Werte, wie z. B. Respekt und Wertschätzung, werden in Ritualen sicht- und erfahrbar. Kinder lieben Rituale. Sinnstiftende Rituale strukturieren den Tag, geben Sicherheit, Orientierung und Geborgenheit. Neben Alltagsritualen (z. B. das Aufräumen wird mit einem Lied „herbeigesungen"; ein Tischspruch oder Gebet wird vor dem Essen gesprochen) gibt es auch besondere Rituale, wie z. B. ein Geburtstagsfeier- oder Abschiedsritual, wenn ein Kind die Gruppe verlässt.

Konvention

Das Wort „Konvention" kommt aus dem Lateinischen „conventio" (Übereinkunft, Zusammenkunft). Eine Konvention, wie z. B. die Kinderrechtskonvention, ist eine zwischenstaatliche Übereinkunft zur Wahrung bestimmter völkerrechtlicher Grundsätze. Kindern wird damit z. B. das Recht auf bestmögliche Bildung, Meinungs- und Informationsfreiheit sowie das Recht auf Ruhe, Freizeit, Spiel zugestanden.

KAPITEL 2

Kindern Werte vermitteln

KAPITEL 2

Kindern Werte vermitteln

Miteinander reden

Sowohl in der Kita als auch in der Grundschule ist die Sprachbildung wichtiger Grundstein, um erfolgreich am Leben und Lernen in den Einrichtungen teilzunehmen. Dies ist sowohl in den Bildungsplänen für die Kindertagesstätte als auch in den Bildungsstandards der Kultusministerkonferenz verankert. Dort heißt es: Die Sprache hat eine „grundlegende Bedeutung für die kognitive, emotionale und soziale Entwicklung der Kinder" (KMK 2005, S. 6).

Schon im Mutterleib spielt Kommunikation eine wichtige Rolle. Das Kind lauscht und reagiert auf Geräusche. Es verwendet bereits seine Lippen, die Zunge und den Gaumen. Ab dem vierten Lebenstag sind Kinder in der Lage, ihre Muttersprache zu erkennen, sie reagieren auf die Stimme der Mutter. Mit ca. zwei Monaten bilden Babys andere Laute und kommunizieren mithilfe ihrer Augen sowie durch Gestik und Mimik. Die Bedeutung von Wörtern können Babys im Alter von acht bis zwölf Monaten begreifen, diese Fähigkeit nimmt mit dem Lebensalter zu. Mit einem Jahr beherrscht das Kind erste Wörter. Danach kommt es zu einer wahren Benennungsexplosion. Das Kind lernt rasch ab dem 19. Lebensmonat immer neue Wörter. Mit zwei bis drei Jahren äußert es sich in Zwei- und Dreiwortsätzen, um schließlich mit etwa vier Jahren Sätze zu bilden. Die Sprachentwicklung von Grundschulkindern im Alter von ca. sieben bis acht Jahren ist dann annähernd ausgereift. Die sensible Phase für den Spracherwerb endet in der Regel mit der Pubertät.

Erste Versuche, Sprache in ein Bild zu integrieren

Auch für fremde Sprachen sind Kinder im Kindergarten- und Grundschulalter besonders aufnahmefähig. Dabei sind sie durchaus in der Lage, die verschiedenen Sprachen zu unterscheiden. Eine Sprachverwirrung ist also nicht zu erwarten. Im Gegenteil: In Zeiten, in der jede Europäerin, jeder Europäer mindestens drei Sprachen sprechen sollte, ist die Mehrsprachigkeit von Kindern in der Kita und in der Grundschule zu begrüßen und unbedingt zu unterstützen.

Sprachbildung: am besten alltagsintegriert

Sprachstandsfeststellungen und Sprachfördermaßnahmen gehören inzwischen zum Alltag in unseren Kitas und Grundschulen. Dennoch geht man heutzutage immer mehr dazu über, nicht nur separate Sprachfördermaßnahmen für bestimmte Kinder anzubieten, sondern Sprachbildung alltagsintegriert in den Kitas und Schulen anzuwenden. Was heißt das konkret? Bei der alltagsintegrierten Sprachbildung geht es darum, allen Kindern sprachbildende Maßnahmen anzubieten. Dabei orientieren sich die pädagogischen Fachkräfte und Lehrkräfte an den individuellen Bedürfnissen des Kindes. Das langfristige Ziel der alltagsintegrierten Sprachförderung ist es, im Kita- und Grundschulalltag eine bewusst praktizierte und effiziente Sprachförderung mit einer theoretischen Fundierung aller pädagogischen Fachkräfte und aller Lehrkräfte, in allen Fächern, anzuwenden. Dabei ist es einerseits unerlässlich, dass beide ein fundiertes Wissen über den kindlichen Spracherwerb haben und dass sie andererseits bewusst didaktisch-methodische Settings für den Spracherwerb setzen, die sie sowohl für sich als auch im Team reflektieren können.

Dabei ist wichtig, dass ein gewisser Umfang an sprachlichen Angeboten offeriert werden kann. Der Qualität dieser Angebote kommt eine hohe Bedeutung zu. Im Team überlegen sich pädagogische Fachkräfte sowie Lehrkräfte

FÜR DIE PRAXIS

Mögliche Struktur in einer Kita

- Ankommen und begrüßen
- Freispiel
- Morgenkreis
- Frühstück
- Freispiel draußen
- Hereinkommen, Hände waschen
- Tisch decken, Tischdienst
- Mittag essen
- Zähne putzen
- Ruhepause
- Nachmittagsangebote
- Snackpause
- Verabschiedungsphase

Mögliche Struktur in einer Grundschule

- Offener Anfang
- Beginn mit dem „Kind des Tages“
- Unterricht
- Gemeinsames Frühstück
- Pause auf dem Pausenhof
- Unterricht
- Pause auf dem Pausenhof
- Unterricht
- Mittagspause mit Tischdienst
- Ruhepause
- Hausaufgabenbetreuung
- Nachmittagsangebote
- Verabschiedung

Handlungen sprachlich unterstützen

Überlegen Sie gezielt, wie Sie die verschiedenen Phasen (s. **S. 35**) mithilfe sprachlicher Angebote unterfüttern können, z. B. in der Phase des Ankommens und Begrüßens: Eine pädagogische Fachkraft bzw. die Lehrkraft, die im Klassenraum auf die Kinder wartet, begrüßt diese gezielt und nutzt Angebote der Kinder, um sprachlich zu handeln. Das kann z. B. so klingen: Hanna kommt heute mit ihrer Mutter in die Kita. Sie ist noch ganz müde. Die Erzieherin Stefanie geht auf Hanna zu und hockt sich vor das Mädchen, das auf einer Bank an ihrem Garderobenplatz sitzt. Stefanie: „Guten Morgen, Hanna! Du siehst ein wenig müde aus! Hast du nicht gut geschlafen?" – Hanna: „Nein, ich habe nicht gut geträumt." – Stefanie: „Oje, was war denn los im Traum?" – Hanna: „Ein Monster hat mich gejagt!" – Stefanie: „Das kenne ich auch! Dann bin ich immer froh, wenn ich wieder aufwache! Geht es dir auch so?" – Hanna: „Ja! Aber ich bin sehr müde!" – Stefanie: „Dann zieh dich einmal um und wir schauen gemeinsam, was du heute machen möchtest. Möchtest du allein spielen oder mit einem anderen Kind?" Oder so: In der Grundschule St. Martin wartet die Lehrerin Frau Meier auf ihre Schülerinnen und Schüler. Aufgeregt kommen zwei Schüler auf sie zugestürmt: Yannick: „Frau Meier, wir waren gestern zum ersten Mal beim Fußball!" – Frau Meier: „Das klingt toll! Wie hat es euch gefallen?" – Tom: „Ich fand es ganz toll! Wir haben auf dem Fußballplatz gespielt!" – Frau Meier: „Wie lange geht das Training denn?" – Yannick: „Wir haben eineinhalb Stunden gespielt." – Frau Meier: „Das ist lang. Gab es etwas, das dir besonders gefallen hat?" – Yannick: „Ja, ich durfte ins Tor. Das fand ich cool." – Frau Meier: „Das fandest du toll! Und was war toll für dich, Tom?" – Tom: „Ich durfte Stürmer sein. Das wollte ich schon immer!" – Frau Meier: „Das ist schön für dich, Tom! Dann drücke ich dir die Daumen, dass du weiter Stürmer sein darfst." Oder so: Celina betritt den Klassenraum. Sie hat einen neuen Pullover an. Frau Meier: „Guten Morgen, Celina! Du hast ja einen schicken, neuen Pullover! Ist das ein Pferd vorn auf dem Pullover?" – Celina: „Nein, das ist ein Einhorn. Die mag ich." – Frau Meier: „Sehr schön! Und ich sehe ein wenig Glitzer! Dein Pulli gefällt mir!"
Treten Sie also, wann immer es geht, in den Dialog mit Ihren Kindergartenkindern, Schülerinnen und Schülern.

einer Einrichtung im besten Fall, wie sprachbildende Angebote in den Alltag der Einrichtung integriert werden können. Dabei ist es wichtig, diesen zu strukturieren (s. **Kasten S. 35**).

Werte entstehen im Dialog

Im Prozess der Werteaneignung und der Entwicklung von Wertekompetenz stehen andere Menschen an oberster Stelle. Wertebildung gelingt vor allem in der Interaktion mit Bezugspersonen, mit Gleichaltrigen und mit Vorbildern. Das liegt daran, dass die komplexen Prozesse, die bei Kindern und Jugendlichen zu einem an Werte orientierten Handeln führen, gleichzeitig über kognitive, reflektierende Fähigkeiten und über emotionale Bezüge ablaufen. Wir wissen ja: Kinder orientieren sich an Vorbildern. Sie beobachten, vergleichen, probieren aus. So erarbeiten sie sich ihre Sicherheiten davon, was richtig oder falsch, fair oder unfair, gut oder schlecht, lieb oder böse etc. ist.

Hier spielt Sprache und das Miteinandersprechen eine bedeutende, nicht zu unterschätzende Rolle, denn Sprache ist viel mehr nur als der mündliche und schriftliche Sprachgebrauch. Sprache ist Begegnung, sie enthält Werte und

Kinder diskutieren das salomonische Urteil

In der 3. Klasse einer Grundschule geht es heute um den weisen König Salomo aus der Bibel. König Salomo war ein König aus dem 10. Jahrhundert vor Christus und Herrscher über Israel. Er richtete in Streitfällen und galt als gerecht. Eines Tages kamen zwei Frauen mit zwei Babys zu ihm. Eines der Babys war tot, das andere lebendig. Sie behaupteten beide, die Mutter des lebendigen Babys zu sein. Salomo betrachtete die Situation und überlegte, was er tun sollte. Dann sagte er: „Teilt das lebendige Baby in der Hälfte durch und gebt jeder Frau eine Hälfte."

Die Kinder diskutieren. Manche finden das gerecht, andere nicht. Was sie noch nicht wissen: Salomo weiß, dass die echte Mutter das Kind nie würde töten lassen. Diese wird es freiwillig der anderen, falschen Mutter überlassen, damit das Kind leben kann. Hier ein Auszug aus dem Gespräch der Kinder: Simon: „Ich finde das gerecht. Jede Frau bekommt nun eine Hälfte. Jede hat nun dasselbe." – Mara: „Aber dann sind doch beide Babys tot. Und das Baby, das noch lebt, stirbt auch." – Simon: „Du hast Recht, aber es ist gerecht." – Tim: „Das ist nicht gerecht! Das will doch keiner!" – Simon: „Und dann? Was ist gerecht?" – Tim: „Ganz gerecht wäre es, wenn das Baby unter beiden Frauen geteilt würde. An einem Tag sorgt die eine Frau für das Baby, am anderen die andere. Und so geht das weiter." – Mara: „Aber das ist auch nicht gerecht für die echte Mutter." – Lina: „Die echte Mutter gibt das Baby der falschen Mutter. Dann kann es weiterleben." – Mara: „Das ist ganz ungerecht." – Lina: „Wie denn dann?" – Mara: „Das ist doch klar: Die echte Mutter muss ihr Kind wieder haben."

Normen, die in einer Gesellschaft gelten und für wichtig und richtig erachtet werden. Mit den Worten, die wir uns aussuchen, wenn wir sprechen, transportieren wir immer auch Kultur, Werte, Wertschätzung und gehen eine Beziehung zu unserem Gegenüber ein.

Diskursfähigkeit stärken

Das Gespräch aus dieser Grundschulklasse ist ein gutes Beispiel für einen ethischen Diskurs unter Kindern. Die Mädchen und Jungen machen sich Gedanken darüber, was ein Baby braucht, wie es der echten Mutter geht, was gerecht ist – und sie lernen dabei ein Dilemma[13] kennen und setzen sich damit auseinander. Wenn Simon sagt: „Du hast Recht, aber es ist gerecht.", bringt er dieses Dilemma auf den Punkt. Eine anspruchsvolle Situation, in der Mara sich eindeutig positioniert und sich entscheidet: „Das ist doch klar: Die echte Mutter muss ihr Kind wieder haben." Tim sucht einen Ausweg und Lina möchte mit ihrem Vorschlag das Leben des Babys retten. Dabei vertraut sie auf die Mutterliebe der echten Mutter. Wenn Sie selbst die Diskursfähigkeit von Kindern unterstützen möchten und in einen Dialog mit Kindern gehen, dann richten Sie sowohl Ihren Aufmerksamkeitsfokus als auch den der Kinder auf einen gemeinsamen Nenner. Achten Sie dabei darauf, sprachliche Anregungen bewusst zu setzen. Dies äußert sich etwa darin, dass Sie …

- kindliche Äußerungen aufgreifen und diese ggf. erweitern oder umformen;
- fehlerhafte kindliche Äußerungen nicht direkt korrigieren, sondern diese in Form des korrektiven Feedbacks, also in korrigierter Form, aufgreifen und indirekt verbessern;
- einen neuen Wortschatz anwenden, sodass das Kind die neuen Wörter und Wendungen aufgreifen und verinnerlichen kann;
- offene Fragen stellen, sodass das Kind mehrere Möglichkeiten hat, zu antworten.

Neben Ihrer Bereitschaft zum Diskurs, Dialog und zur Kommunikation sollten Sie überlegen, welche Möglichkeiten Sie haben, Lieder, Reime, Spiele in den Alltag Ihrer Einrichtungen einzubinden, die den Wortschatz und die Reflexionsfähigkeit aufgreifen, anregen, üben und somit vertiefen können.

Beispiele für sprachanregende Settings

Sprachanregende Situationen können beim gemeinsamen Frühstück bewusst geschaffen werden; etwa dann, wenn die pädagogische Fachkraft oder die Lehrkraft ihre Handlungen sprachlich bewusst begleitet und auf abwechslungsreiche und treffende Wörter achtet, z. B. so: „Ich schneide euch jetzt einen Apfel auf. Dazu brauche ich das Obstmesser und ein Tellerchen. Ich halbiere den Apfel und viertele ihn nun. Dann habe ich vier Stücke. Ich schneide das Kerngehäuse heraus, dann könnt ihr den Apfel essen. Guten Appetit." oder so: „Schaut mal, ich habe heute einen Pfirsich dabei. Wisst ihr, wie er sich anfühlt? *(fühlt über die Haut des Pfirsichs)* Er ist ganz weich und samtig. Wenn ich ihn ein wenig drücke, so gibt das Fruchtfleisch nach. Er ist bestimmt ganz saftig. Wer von euch mag auch so gern Pfirsiche essen?" Was wir an diesen beiden Situationen gut nachvollziehen können: Die Fachkräfte nehmen sich Zeit, bewusst zu sprechen, zu erläutern und zu zeigen. Sie sind ganz bei den Kindern und dem, was sie tun.

Sprachbildung mit Eltern

Auch mit den Eltern in der Gruppe oder Klasse sollte gemeinsam eine sprachbildende Kultur entwickelt und gepflegt werden. Hinsichtlich einer gelungenen Eltern- und Teamarbeit ist es bedeutsam, sich Zeit für Gespräche zu nehmen, z. B. im Rahmen einer Folge von Elternabenden,

Ringel, Ringel, Reihe ...: Reime laden Kinder zum Nachsprechen und Mitsingen ein

zu denen Experten und Expertinnen hinzukommen, etwa zu folgenden Themen: Von „Mama" bis „Lisa auch Bonbon"?/Die kindliche Sprachentwicklung/Was ist Literacy? Und wie unterstütze ich mein Kind optimal in der Entwicklung dieser Fähigkeit?/„Bir, iki, üç": Mehrsprachigkeit in unserer Lerngruppe/„Klinke", „Tür", „Treppe"/Sprachbildung alltagsintegriert: Lieder, Gedichte, Reime oder: Zungenbrecher in Kita, Grundschule und Elternhaus. Bei solchen Elternabenden oder Gesprächskreisen entwickeln Eltern und Fachkräfte ein gemeinsames Verständnis von Sprachbildung. Sie können gemeinsame Rituale festlegen, die sowohl in den Einrichtungen als auch Zuhause ihren festen Platz finden. Sie besprechen außerdem, was besonders unterstützend ist, um einen sprachbildenden Konsens zu finden. So ist es etwa hilfreich, wenn die Kita und Grundschule in Form von regelmäßigen Elternbriefen informieren, welche Inhalte derzeit thematisiert werden und auch die Texte von Liedern, Reimen, Gedichten oder Zungenbrechern herausgeben, damit diese auch Zuhause aufgegriffen werden können. Sie haben mehrsprachige Eltern in Ihrer Gruppe oder Klasse? Dann sollten Sie diese Mehrsprachigkeit als Kompetenz erkennen und nutzen. Gemeinsam mit Müttern und Vätern können pädagogische Fachkräfte und Lehrkräfte einen wichtigen Grundstein für den Erst- und Zweitspracherwerb der Kinder legen, indem sie miteinander arbeiten. Sie können zusätzlich zu dieser Arbeit gezielt Ihren Kita- oder Schulalltag bereichern, wenn Sie Eltern integrieren und z. B. aktiv mitarbeiten lassen. *Dazu zwei Beispiele*:

- Sarah kommt aus Großbritannien. Sie ist die Mutter von Anna. Beide sind neu in der kleinen Stadt, die fünfjährige Anna besucht eine Kita. Sarah spricht kaum Deutsch, doch in ihrer Heimat hat sie als Lehrerin an einer Grundschule gearbeitet. Eines Tages spricht Annas Erzieherin Sarah an. Könnte sie sich vorstellen, ein Mal pro Woche in die Kindergruppe zu kommen und ein kleines englischsprachiges Lied zu vermitteln – oder auch einen Reim mit den Kindern zu erarbeiten oder ein Bilderbuch vorzulesen?
- Mirja kommt aus Finnland, sie ist Toms Mutter. Zur Weihnachtszeit gibt sie Tom ein Buch mit in die Schule: „Wo der Weihnachtsmann wohnt." Sie hat es in einer deutschen Buchhandlung gefunden – es kommt aus ihrer Heimat. Toms Lehrer ist begeistert. Er fragt Mirja, ob sie einmal in die Schule kommt und den Kindern von Rovaniemi erzählt, denn dort lebt der finnische Weihnachtsmann. Mirja freut sich, sie gestaltet eine Präsentation für die Kinder und beantwortet gern ihre Fragen.

Noch ein Tipp

Nehmen Sie gezielt mehrsprachige Eltern mit zu Ausflügen, etwa in Museen oder in den Tierpark. Hier können diese Eltern den Kindern sagen, wie die Tiere oder Gegenstände in ihrer Muttersprache heißen. Und: Bereiten Sie für mehrsprachige Eltern, in Absprache mit diesen, Materialien vor, die sie gezielt zu Hause anwenden können. Diese unterstützen den sprachsensiblen Unterricht in der Grundschule. Hier werden sprachliche Besonderheiten des Fachunterrichtes besonders berücksichtigt. Im Sachunterricht erhalten die zugewanderten Kinder z. B. differenzierte Arbeitsblätter sowie dazu gehörige Arbeitsblätter, die den Wortschatz darstellen und erläutern, etwa in Form eines Wort-Bild-Lexikons.

Dazu ein Beispiel: Seit einigen Jahren hat sich, zunächst in Nordrhein-Westfalen, das Programm der „Rucksack-Kitas" und nun auch der

Der Übergang Kita–Grundschule hinsichtlich der Sprachbildung

Nicht nur innerhalb einer Einrichtung ist es bedeutsam, dass alle an ihr Beteiligten an einem Strang ziehen. Um eine reibungslose Bildungsbiographie für alle Kinder zu sichern, ist es wichtig, dass sich die Kindertagesstätte und die aufnehmenden Grundschulen in einem Netzwerk zusammenschließen.
Wie wird Sprachbildung in den jeweiligen Einrichtungen praktiziert? Was können die Einrichtungen voneinander übernehmen? Welche Aspekte können im Sinne einer Bildungskette aufgegriffen und schrittweise erweitert werden?
Dazu ein Beispiel: Die Kita Sonnenblume arbeitet in der Sprachförderung mit den Plüschfiguren „Nelly und Matti", die die Kinder im Rahmen der Sprachförderstunden und auch bei der alltagsintegrierten Sprachbildung begleiten. Diese Figuren warten bereits in der Grundschule auf die Kinder, sodass sie alten Bekannten wieder begegnen. Sollte es schwierig sein, dieselben Figuren zu organisieren, so könnte die Grundschule „Freunde" von Nelly und Matti bereithalten, die die altbekannte Form der Sprachbildung aufgreifen.
Ein weiteres Beispiel: In der Sprachbildungsstunde der Kita und Grundschule lernen die zugewanderten Kinder Lieder, Reime und Spiele in der deutschen Sprache. Diese werden auch in der gesamten Kinder- bzw. Lerngruppe regelmäßig aufgegriffen, sodass die zugewanderten Kinder ihren Lernzuwachs aus der Sprachförderung direkt und in der Gemeinschaft aufgreifen können.

„Rucksack-Grundschulen" etabliert. Ganz nach dem Prinzip, dass Eltern die Experten für ihr Kind und ihre Muttersprache sind, werden diese gezielt in die Arbeit der Einrichtung einbezogen. Sogenannte Elternbegleiter, die speziell für diese Tätigkeit in der Kita oder Grundschule ausgebildet wurden, unterstützen die Eltern der mehrsprachigen Kinder darin, die Mehrsprachigkeit der Kinder zu fördern und beide Sprachen gleich wertzuschätzen. Zuhause sprechen also alle Familienmitglieder in der jeweiligen Muttersprache, in der Kita und Grundschule wird die deutsche Sprache gefördert.

Neun Monate dauert diese Förderung in der Regel: Inzwischen gibt es eine Vielzahl an fundierten Materialien, die im Rahmen des Programms eingesetzt werden. Informieren können sich Eltern, pädagogische Fachkräfte und Lehrkräfte unter: *www.kommunale-integrationszentren-nrw.de.*

EXKURS 2

Im Dialog bleiben: achtsam kommunizieren in der Familie, Kita und Grundschule

Erwachsene sind sprachliche Vorbilder. Wenn sie auf Fragen und Gesprächsangebote der Kinder interessiert reagieren, geben sie ein Beispiel für gute Kommunikation. Die Kinder machen es ihnen nach und lernen ihrerseits, wie sie untereinander gute Gespräche führen.

Den Ausgangspunkt für meine (A. v. P.) Beobachtungen sehe ich in einem Gespräch, das ich mit dem Lehrer meines Kindes führte. Dieser meinte, vollkommen ernst, dass er sich z. B. im Wartezimmer beim Arzt darüber wundern würde, wenn die Kinder aus dem Fenster schauten oder vor sich hin gammelten. Er würde sich dann immer fragen: „Haben die denn keine Vokabeln zu lernen?“ Dieses Gespräch hallte in mir nach. Und kurz darauf besuchte ich meine vertraute Buchhandlung, in der eine Mutter aus der Schule arbeitet. Noch vollkommen unter dem Einfluss des Gespräches mit dem Lehrer erzählte ich ihr davon. Sie lachte und meinte dann aber: „Was ich im Wartezimmer immer sehe, das ist, dass die Eltern keine Motivation mehr haben, sich mit ihren Kindern zu beschäftigen.“

Kurz darauf fand ich mich selbst im Wartezimmer wieder. Dort sah ich die folgende Situation: Ein Vater mit einem sehr kränklichen Sohn, die beide einfach nur nebeneinander saßen. Eine Mutter mit einem etwa 12-jährigen Sohn, der in ein Donald Duck-Heft vertieft war. Und eine Mutter mit einer etwa ebenso alten Tochter. Unterschiedlicher als diese drei Paare hätte sich niemand verhalten können. So verharrten Vater und Sohn schweigend nebeneinander aus. Dies war beiden vielleicht nicht einmal zu verübeln, denn dem Jungen schien es nicht gut zu gehen – und er war bestimmt nicht auf eine Form der Kommunikation aus. Die Mutter des Sohnes las zwar selbst eine Zeitschrift, blickte aber immer wieder in das Heft ihres Sohnes, stellte ab und an Fragen und ließ sich auf Kontaktangebote ihres Kindes ein. Die Mutter mit der Tochter hatte ein Smartphone dabei, das sie weder aus den Händen noch aus den Augen ließ. Ihre Tochter hatte jedoch offenbar das Bedürfnis nach einer Kommunikation, doch die Mutter ging in keiner Weise darauf ein. So wurden einfache Kommentare („Guck mal, das Bild da.“) oder Fragen („Was essen wir heute Abend?“) schlichtweg ignoriert. Immer fest mit dem Blick auf das Smartphone. Nach einer Weile wurde die Tochter offensiver. Sie suchte den Körperkontakt mit der Mutter. Sie tippte sie an, legte den Kopf an ihre Schulter, was von der Mutter ebenfalls scheinbar nicht bemerkt wurde. Eine

Bemerkung von Seiten der Tochter: „Du, Mama, morgen fällt die sechste Stunde aus.“ wurde mit einem gebrummten: „Schon wieder!“ aufgenommen. Schließlich gab die Tochter auf, zog sich zurück und wartete.

Was macht den Wert dieser Beobachtungen aus? Was bedeutet es für dieses Buch? Meiner Meinung nach macht es deutlich, wie sehr wir Erwachsenen als sprachliches Vorbild handeln und diese Rolle auch ausfüllen müssen. Ein altes Sprichwort sagt nicht umsonst: „Wie du in den Wald hineinrufst, so schallt es wieder heraus.“ Wenn sich die Mutter lieber mit ihrem Smartphone beschäftigt, so signalisiert sie ganz eindeutig ihre Wertigkeit dem eigenen Kind gegenüber. Dessen sollten sich Eltern, aber auch Erzieherinnen und Erzieher, Lehrerinnen und Lehrer, stets bewusst sein. Dazu einige Hinweise:

Sprachliches Vorbild sein

Reflektieren Sie Ihr eigenes sprachliches Verhalten:

- Haben Sie Freude am Umgang mit der Sprache?
- Spielen Sie gern mit Worten?
- Verwenden Sie gern einen vielfältigen Wortschatz?
- Bemühen Sie sich darum, die Bildungssprache anzuwenden?
- Bemühen Sie sich darum, Kindern den Facettenreichtum der Sprache aufzuzeigen?
- Lesen Sie gern gemeinsam mit Kindern in Büchern oder Zeitschriften?
- Tauschen Sie sich über das Gelesene und Betrachtete aus?
- Stehen Sie dem Kind als Kommunikationspartner zur Verfügung?
- Wie reagieren Sie auf sprachliche Äußerungen von Kindern? Eher genervt und abweisend – oder freundlich und neugierig?
- Erklären Sie es einem Kind kurz, wenn Sie gerade keine Zeit für das Beantworten von Fragen oder für Diskussionen haben? Geben Sie ihm eine Aussicht, wann konkret Sie sich der Frage widmen werden?

Mit einer Freundin sprach ich neulich über das Thema „Beantworten von Fragen“. Sie ist in einer liberalen, offenen und kommunikativen Familie groß geworden und legt großen Wert darauf, ihren vier Kindern zu vermitteln, dass Fragen niemals eine „blöde und sinnfreie Antwort“ erhalten sollten. Weder vonseiten der Erwachsenen in der Familie noch vonseiten der Kinder.

Das bedeutet, dass man sich stets mit der Frage eines anderen auseinandersetzen sollte und – falls man diese als nicht angemessen betrachtet –, dies dann auch begründet. Sollte gerade die Zeit knapp sein oder eine Antwort nicht sofort zu finden sein, so sagen Sie Ihren Kindern einfach, dass Sie zurzeit keine Antwort wissen, sich aber mit der Frage beschäftigen werden und dann spätestens am Abend oder am nächsten Morgen oder auch zu einem anderen Zeitpunkt eine Antwort liefern werden. Dies ist authentisch und auf Augenhöhe.

Aktives Zuhören

Zu einer gelungenen Kommunikation, bei der Sie als Vorbild handeln, trägt insbesondere die Technik des „Aktiven Zuhörens“ bei. Diese können Sie sowohl zu Hause als auch in der Kita und in der Schule anwenden. Zielgruppe sind alle am System beteiligten Personen: Kinder, Eltern, Kollegen und Kolleginnen. Zuhause und in den Einrichtungen sollte eine rege Gesprächskultur herrschen. Ein Dialog miteinander kann durch die Methode des Aktiven Zuhören nach Carl Rogers, einem US-amerikanischen Psychologen und Psychotherapeuten, gefördert und

Kinder brauchen Erwachsene zum Zuhören, Reden, Berühren – jemanden, der sich auf sie einlässt

lebendig gehalten werden. Dieser setzte seine Methode maßgeblich in der klientenzentrierten Gesprächstherapie ein. Basierend darauf, dass sich die Gesprächsteilnehmer mit besonderer Wertschätzung und Respekt begegnen, nehmen Sie sowohl die verbalen als auch die nonverbalen Signale Ihres Gegenüber auf und wahr und gehen auf diese ein. Das Schlüsselwort bei dieser Technik heißt „Empathie", die Sie Ihren Gesprächspartnern entgegen bringen.

Das A und O: sich einlassen und verweilen

Sollte es sich um ein vorbereitetes Gespräch handeln, so überlegen Sie, welche Punkte Sie selbst ansprechen möchten. Gestalten Sie die Gesprächsatmosphäre gemütlich und achten Sie darauf, dass Sie nicht gestört werden können. Lassen Sie sich auf Ihr Gegenüber ein und verweilen Sie beim Gesprächsinhalt. Achten Sie außerdem auf die nonverbalen Zeichen Ihres Gegenübers. Geben Sie möglichen Pausen während des Gespräches Raum. Diese dienen dazu, dass sich die am Gespräch Teilnehmenden sammeln können und ihre Gedanken im Kopf sortieren können.

Wichtig ist es auch, dass Sie Ihr Gegenüber ausreden lassen und Geduld mit ihm haben. Versuchen Sie, die Gefühle Ihres Gegenübers wahrzunehmen. Durch ein kurzes Kopfnicken oder auch durch kurze, verbale Bestätigungen bekräftigen Sie Ihr Gegenüber. Während des Gespräches sollten Sie darauf achten, den Blickkontakt zu halten. Außerdem sollten Sie authentisch bleiben. Das heißt, dass Sie die Gefühle Ihres Gegenübers wahrnehmen und gleichzeitig auf Ihre eigenen Gefühle achten. Durch Vorwürfe oder impulsive Handlungen sollten Sie sich nicht aus der Ruhe bringen lassen. Bemühen Sie sich um Objektivität. Gefragt sind Ich-Botschaften, keine Du-Botschaften. Das heißt nicht, dass Sie das Gehörte gutheißen müssen, doch sollte sich Ihr Gegenüber als Individuum und mit seinem Anliegen ernstgenommen fühlen, indem Sie sich empathisch zeigen.

Sollte es die Situation verlangen, so entwickeln Sie gemeinsam Ziele und stecken Sie diese fest. Verabreden Sie, zu welchem Zeitpunkt und auf welche Weise Sie die Ziele evaluieren möchten. Dann ist es sinnvoll, gleich einen Folgetermin zu vereinbaren.

Empathie und der Umgang miteinander

Es ist noch nicht allzu lange her, etwas mehr als ein Jahrzehnt, da verbreitete sich die Kunde von den Spiegelneuronen. Sie sind ein „Resonanzsystem im Gehirn, das Gefühle und Stimmungen anderer Menschen in einem selbst zum Klingen bringt" *(www.planet-wissen.de)*. Dank dieser Nervenzellen, die für die Kommunikation der Zellen im Gehirn wichtig sind, können wir mitfühlen und uns vorstellen, wie es einem anderen Menschen geht. Anders gesagt: Die Neuronen „spiegeln" uns – deshalb der Begriff – Verhalten und Gefühle anderer Menschen; fast, als seien es unsere eigenen. Das funktioniert deshalb, weil diese Neuronen in unserem Gehirn bei der Beobachtung der Handlung eines anderen Menschen dasselbe Aktivitätsmuster zeigen, als wenn wir diese Handlung selbst ausführten. Spiegelneuronen, so die Schlussfolgerungen der Hirnforschung, befähigen uns demnach zu Mitgefühl, Empathie.[14] Dieses wiederum gilt als wichtigster Faktor emotionaler Intelligenz (EQ), der Begabung im Umgang mit eigenen und fremden Empfindungen. Menschen mit einem hohen EQ gelten stärker noch als jene mit einem hohen IQ (Intelligenzquotient) in Leben und Beruf als zufriedener und dadurch erfolgreicher, selbst wenn der formale Status ein geringerer ist.

Unser Gehirn braucht soziale Beziehungen

Die Entdeckung der Spiegelneuronen ist erstaunlich genug. Aber dass unser ganzes Gehirn ein soziales Organ ist, ist vielleicht das erstaunlichste, was uns die moderne Hirnforschung in den vergangenen Jahren als Resultat präsentiert hat.

Ein soziales Organ! Kann ein Organ sozial sein? Was genau ist damit gemeint? Die Antwort darauf ist ebenso schlicht wie komplex. Das Gehirn des kleinen Kindes entwickelt sich in Abhängigkeit von den Beziehungen zu anderen Menschen. Die wichtigsten Erfahrungen, die ein Kind im Laufe seiner Entwicklung macht und die den nachhaltigsten Einfluss auf die Strukturierung seines Gehirns haben, sind Beziehungserfahrungen.

Soziale Beziehungen stehen am Anfang jedes Lernens. Eltern und Familie prägen die Entfaltung der Persönlichkeit am stärksten, doch mit dem zunehmenden Empfinden „So bin ICH!" beginnt ein bis zum Lebensende währender Tango zwischen Abgrenzung und dem drängenden Bedürfnis nach Zugehörigkeit. Der Tango wird mit wechselnden Partnern getanzt: Sie gehören zur Familie, Nachbarschaft, Gruppen- und Klassengemeinschaft in Kita und Schule, zum Freundes- und Kollegenkreis, zu Gleichgesinnten in der Freizeit. Wir Menschen bewegen uns in einem ständigen Abgleich mit den anderen um uns herum, mal intensiver, mal weniger intensiv. Manchmal kommen wir erst in der Auseinandersetzung mit anderen unserer eigenen Haltung auf die Spur. Auch Kinder brauchen diese Auseinandersetzung, um ungewohnten, noch nicht erlebten Realitäten, nachspüren zu können. Am besten und gefahrlos geschieht dies im Spiel.

Dazu ein Beispiel: Zwei Freundinnen, Feline und Lilly, spielen eine Szene aus dem Kinderbuchklassiker „Heidi in Frankfurt" nach: „Du wärest wohl aus Spiel die Heidi und ich die Tante Dete und du würdest mich wegschicken nach Frankfurt und der Eisbär ist das Kätzchen und die Fräulein Rottenmeier hätte ganz viel Angst vor Tieren, ja?" Feline guckt Lilly erwartungsvoll an. Lilly nickt. „Ja, ich stecke den Eisbär in meinen Koffer und erschrecke damit die Kla-

Nichts geht über eine gute Freundin, mit der man auf Bäume klettern kann

ra." – „Nein, nicht die Klara, die sitzt doch im Rollstuhl und darf sich nicht aufregen. Außerdem ist Klara nett und wird deine Freundin. Nur die Fräulein Rottenmeier ist böse und du musst jetzt weinen, weil du nicht vom Großvater weg willst." Lilly schlägt die Hände vors Gesicht und schluchzt. „Ich will nicht nach Frankfurt. Ich will nicht weg von meinen Bergen und den Ziegen." Feline guckt streng: „Papperlapapp. Stell dich nicht so an und beeil dich. Wir müssen den Zug erreichen. Du wirst sehen, in Frankfurt wirst du den Großvater und die Ziegen schnell vergessen." Lilly schreit: „Ich werde meine Berge und den Großvater und die Ziegen nicht vergessen. Nie, nie nie!" Und sie wirft sich auf den Boden. „Welche ist die Klara, die pinke oder die blaue?", fragt Feline. „Die pinke", sagt Lilly und setzt das pinkfarbene Püppchen auf einen Legostein. „Das ist der Rollstuhl." Dann legt sie den Eisbären neben den Rollstuhl. „Und die Klara wäre jetzt ganz froh, weil sie noch nie ein Kätzchen gestreichelt hätte. Und jetzt käme wohl die Fräulein Rottenmeier und würde schimpfen." – „A-del-heid", schimpft Feline mit strenger Stimme. „Ich dulde keine Kuscheltiere in Klaras Rollstuhl. Denk an die Hyg…, Hyg…, … wie heißt das Wort noch mal?" – „Hygiene", flüstert Lilly. „Denk an die Hygiene", wiederholt Feline mit strenger Stimme. „Und jetzt würde sie wohl sehen, dass der Eisbär echt ist, ja?", schlägt Lilly vor. Und schon kreischt Feline: „Hilfe, es bewegt sich, es wird doch wohl keine echte Katze sein. Das dulde ich nicht. Katzen haben Flöhe. Das halten meine Nerven nicht aus." Lilly hält sich die Ohren zu. „Schrei doch nicht so laut. So viel schimpft die nicht!" – „Doch, die ist so blöd", erklärt Feline und schreit wieder: „Sebastian, fangen Sie die Katze ein." Lilly fängt an zu lachen und hüpft mit dem Eisbären in der Hand im Zimmer herum: „Miau, Miau, Miau", ruft sie dazu. Feline läuft hinter ihr her: „Ich bin jetzt der Sebastian." Sie versucht, Katzen-Lilly zu fangen. Aber Lilly ist schnell, doch dann stolpert sie über den Teppich und plumpst auf den Sitzsack. Feline springt zu ihr. „Ich hab dich, ich hab dich." Beide kichern und beginnen, sich zu kitzeln.

Freundschaft als Laboratorium für Wertebildung

Laut einer Umfrage von GEOlino und UNICEF unter Mädchen und Jungen im Alter von sechs bis 14 Jahren finden 73 Prozent Freundschaft „total wichtig". Außerdem würde sich jedes

Total wichtig: Kinder, die sich gut verstehen

dritte Kind für andere Menschen engagieren, denen es nicht so gut geht – ein Wert, der in den vergangenen Jahren kontinuierlich leicht gestiegen ist.[15] Bevor sich ein junger Mensch eines bestimmten Wertes wie z. B. Freundschaft bewusst ist, hat er sehr viele Beispiele freundschaftlichen und nicht freundschaftlichen Verhaltens erlebt. Er hat registriert, was zu einem freundschaftlichen Verhalten gehört; hat vielleicht die Augen eines Kindes strahlen sehen, als die noch krank geglaubte Freundin unverhofft in den Klassenraum kommt. Der Wert Freundschaft korrespondiert dabei mit anderen Werten und macht ihn dadurch zu einem Laboratorium für ein „sich einfühlen" in Gerechtigkeit, Hilfsbereitschaft, Loyalität, Ehrlichkeit, Respekt, Nächstenliebe. Legen wir ein Vergrößerungsglas auf die Freundschaft zwischen Kindern, sehen wir, wie das Miteinander zwischen ihnen um solche Werte kreist. Sie finden nach und nach Antworten auf Fragen wie z. B.:

- Ist es okay, mit Felix befreundet zu sein und trotzdem mit Jannis zu spielen? Was mache ich, wenn Felix dann traurig ist?
- Ist es gerecht, miteinander zu teilen? Darf ich auch etwas ganz für mich behalten? Womit fühle ich mich wohler?
- Wie fühlt es sich an, wenn ich „Nein!" zum Wunsch eines Freundes / einer Freundin sage?
- Wie geht es mir, wenn mein Freund / meine Freundin mich ausschließt? Darf man das in einer Freundschaft? Möchte ich mich dafür „rächen" und es bei passender Gelegenheit genauso machen?
- Wie zeige ich, dass ich mich freue, meinen Freund / meine Freundin zu sehen?
- Soll ich jemanden bitten, in einem Streit zwischen mir und einem Freund / einer Freundin zu vermitteln?
- Wie entschuldige ich mich? Wie nehme ich eine Entschuldigung an?

- Wie werde ich zu einer Freundin / einem Freund?
- Wie beendet man eine Freundschaft?
- Fühlt sich ein Verhalten richtig an oder spüre ich ein schlechtes Gewissen? Und was macht man eigentlich mit so einem schlechten Gewissen?

Freundschaften zu leben heißt, Beziehungen zu gestalten. Und welchen Wert hätten Werte, wenn sie nicht genau dafür da sind? In Freundschaften unter zwei oder mehr Kindern, gar unterschiedlichen Alters, werden Werte tradiert, die für das Zusammenleben in unserer Gesellschaft unverzichtbar sind. Werte, die mit Worten nur unzureichend umrissen werden können, werden im Miteinander ganz genau gespürt und entfalten für Kinder erst dann ihren Sinn. Kinder, die Freundschaften eingehen, üben sich immer auch im Aushalten und Austarieren von Wertekonflikten und Wertehierarchien:

- Was mache ich einem guten Freund / einer guten Freundin zuliebe mit, und was nicht?
- Wann halte ich trotz der Vorwürfe anderer zu meiner Freundin / zu meinem Freund?
- Wie fühlt es sich an, helfen zu können?
- Wie grenze ich mich ab, ohne meine Hilfsbereitschaft aufzugeben?
- Wie mutig muss ich sein, um zu helfen?
- Teile oder spende ich mein Taschengeld, auch wenn meine Eltern das unnötig finden?
- Darf ich ein Kind schubsen, das gerade meinen besten Freund beleidigt hat?

In jedem Kind formt sich durch Beobachtung und Ausprobieren die eigene Haltung zu Freundschaft und den mit ihr korrespondierenden Werten heraus. Auf die aufgezählten Fragen gibt es als Antwort kein Faktenwissen. Die Antworten werden erworben, übernommen, überprüft, verändert, angepasst, verworfen. Das Kind bildet sich in Korrespondenz zu dem, was es erlebt und verarbeitet, selbst. Es lernt kontinuierlich in und an seiner Umwelt. So entsteht sein Erfahrungswissen, welches mit ihm mitwächst. Dieses Wissen erstarrt nicht, sondern differenziert sich an neuen Erfahrungen und Reflexionsschleifen je nach Alter, Reife und neuen Umgebungen weiter aus. Das ist ein anspruchsvoller Prozess, zu dessen Begleitung Kinder bis hinein ins junge Erwachsenenalter gern auf Unterstützung durch empathische Bezugspersonen zurückgreifen.

Vielfältige und gute Beziehungen: ein unschätzbarer Wert

Erzieherinnen und Lehrerinnen wussten schon immer, dass Kinder, mit denen sie sich gut verstehen, leicht für Vorschläge und Anregungen zu begeistern sind. Selbst wenn ihnen ein Vorschlag nicht gefällt, machen sie dem Lehrer oder der Erzieherin zuliebe gern mit, halten sich an Regeln und helfen, wenn die Erwachsenen Unterstützung brauchen. Was Lehrer und Erzieherinnen aber leider versäumen: Sie loben sich selbst nicht dafür. Sie halten es sogar für Zufall, wenn ein Kind ihnen freudestrahlend in die Arme läuft, sich anschmiegt oder über den Pausenhof ruft „Guten Morgen, Frau Müller!"

„Das hat doch nichts mit mir zu tun", glaubt manche Pädagogin und mancher Pädagoge. Doch, hat es! Das Gehirn ist stark auf soziale Beziehungen orientiert. Es macht geradezu Luftsprünge, wenn es auf liebevoll zugewandte Menschen trifft und fühlt sich dort pudelwohl. Lehrerinnen und Erzieherinnen, die dieses alles entscheidende Bedürfnis verstehen, die sich bemühen, Zugang zu allen Kindern zu finden, sind das Beste, was einem Kind in Kita und Schule begegnen kann.

So groß wie ein Baum

Text: Reinhard Feuersträter, Musik: Reinhard Horn

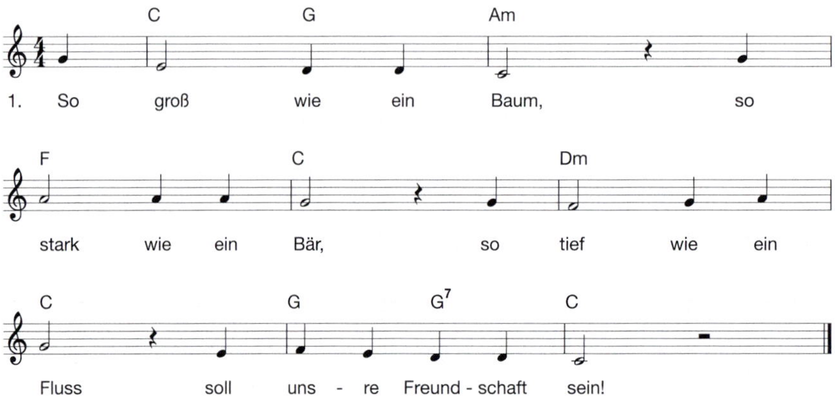

2. Strophe:
So weit wie das Meer,
so hoch wie ein Haus,
so hell wie ein Stern
soll unsre Freundschaft sein!

3. Strophe:
So bunt wie ein Bild,
so breit wie der See,
so schön wie der Wald
soll unsre Freundschaft sein!

4. Strophe:
So lang wie die Zeit,
so frei wie der Wind,
so froh wie ein Lied
soll unsre Freundschaft sein!

Der renommierte Hirnforscher Gerald Hüther und die bekannte Erziehungsexpertin Cornelia Nitsch schreiben in ihrem Buch „Wie aus Kindern glückliche Erwachsene werden": „Nur wer sich auf seine Mitmenschen einlässt, kann intensive Gefühle wie Freude, Lust und Glück erleben. Ausschlaggebend dafür, wie ein Mensch sein Gehirn lernt zu nutzen und zu strukturieren, sind die Erfahrungen im Zusammenleben mit anderen." (S. 172) Gerald Hüther wird deshalb seit vielen Jahren nicht müde, auf den Zusammenhang zwischen guten Beziehungen und der Lust am Lernen hinzuweisen. Dabei reichen die guten Beziehungen in der eigenen (Klein-)Familie nicht aus, um dem Gehirn Beziehungs-Nahrung zu geben. Er plädiert für eine große Vernetzung von Kindern und Erwachsenen. Je reichhaltiger die Erfahrungen, die ein Kind machen darf, umso besser kommt es mit anderen Menschen und mit sich selbst zurecht. Lebenstüchtigkeit und die Fähigkeit zur eigenen Lebensgestaltung hängen demnach davon ab, wie groß der Schatz eigener Erfahrungen ist. Vielfältige, gute Beziehungen sind vor diesem Hintergrund ein unschätzbarer Wert, der überdies – aber das sei hier nur nebenbei erwähnt – Menschen gesund hält.

Es sind die Begegnungen mit Menschen, die das Leben lebenswert machen. *Guy de Maupassant*

Aber was ist mit jenen Menschen, die dies selbst nicht erlebt haben? Deren emotionale Grundausstattung eher begrenzt ist? Die als Kinder dazu erzogen worden sind, bei Fremden zurückhaltend zu bleiben, sich „nicht aufzudrängen", Abstand zu halten, nicht „zu stören", sich nicht zu kümmern und für andere verantwortlich zu zeigen („Das geht uns nichts an.")? Für jene gibt es eine gute Nachricht. Sie lautet: Vielfältige Beziehungen aufzubauen und zu pflegen, kann man bis ins hohe Alter lernen. Es ist etwas mühsamer als in jungen Jahren, aber in jedem Fall möglich und ganz bestimmt mit Glücksgefühlen verbunden.

Den Horizont weiten, das Leben meistern

Das Gehirn ist nie statisch. Wer beginnt, anders zu denken und zu handeln, der fühlt bald anders, bei dem verändert sich tatsächlich die Struktur im Gehirn. Kinder sollten deswegen immer wieder angeregt werden, sich mit Werten auseinanderzusetzen; mit denen, die zu Hause gelten, aber auch mit jenen in Kita und Schule, bei Nachbarn, Verwandten und Freunden. Sie üben sich so darin, abzuwägen, zu beobachten, wertvolles Verhalten zu erkennen und wertzuschätzen, sich in einer guten Art und Weise abzugrenzen, ohne das Andere, Fremde abwerten zu müssen. Die Optionen dieser Kinder, das Leben zu meistern, sind reichhaltiger als die jener Kinder, die mit engen Mustern aufwachsen.

Unsere Gesellschaft ist so komplex geworden, die Anforderungen an Flexibilität im Lebenslauf nehmen kontinuierlich zu, ebenso das Aushalten von Widersprüchen. Heranwachsende, ja unsere Gesellschaft, ist darauf angewiesen, ein größeres Handlungsspektrum abrufen zu können als Generationen zuvor. Eine werteorientierende Erziehung und Bildung sollte deshalb darauf ausgelegt sein, den Horizont jedes Kindes zu weiten und ihm dennoch zu ermöglichen, bei sich sein zu können. Ein Spagat, eine lebenslange Aufgabe, sicher. Nur: Mit Abwehr kommen wir nicht weiter.

Widersprüche ertragen: eine Fähigkeit, die man lernen kann

Eine besondere Fähigkeit, die Erzieherinnen und Lehrerinnen in diesem Zusammenhang

Impulse und Ideen für einen Unterricht zur Wertebildung in den Klassenstufen 2–4

Marktplatz der Gespräche

Die Lehrkraft nennt ein Thema, zu dem die Kinder sich Gedanken machen sollen und anschließend auf dem Marktplatz austauschen. Diese Themen können z. B. heißen: Angst haben, Umweltverschmutzung, Freundschaft, Was ist mir wertvoll? … Nach der Nennung des Themas bekommen die Kinder 1–2 Minuten Zeit, sich selbst Gedanken darüber zu machen. Anschließend bewegen sie sich zu einer ruhigen Musik durch den Klassenraum. Stoppt die Musik, so bleiben sie beim nächstgelegenen Kind stehen und tauschen sich mit ihm über die gewählte Thematik aus. Dies wiederholen sie in wechselnden Konstellationen drei bis vier Mal. Anschießend setzen sie sich in einer kleinen Gruppe von 4–5 Kindern zusammen und notieren ihre Gedanken dazu, z. B. auf einem Plakat. Dieses wird am Ende der Stunde im Plenum vorgestellt.

Unser stummes Gespräch

Bei dieser Methode geht es darum, in den stillen Dialog zu treten. Eine Reihe von Fragen oder Impulsen hängt auf Plakaten im Klassenraum, z. B.: Wie bin ich?,/Was ist mir wichtig?,/Was ist Freiheit?,/Was ist Glück?,/Ist es möglich, alles zu tun, was ich möchte?,/… Die Kinder erhalten zehn Minuten Zeit, sich auf diese Fragen einzulassen und an den Plakaten vorbeizugehen. Fällt ihnen spontan etwas dazu ein, so schreiben sie dies auf die Plakate, ohne darüber zu sprechen. Anschließend werden die Antworten auf den Plakaten im Plenum besprochen. Hierbei wird die Vielfalt der Antworten wertgeschätzt und analysiert. So gelingt es, sich auf andere Sichtweisen einzulassen, diese abzuwägen und mit den eigenen zu vergleichen.

Wir leuchten

Die Lehrkraft hält für jedes Kind einer Lerngruppe ein LED-Teelicht bereit. Jedes Kind erhält ein solches Teelicht, alle setzen sich in einen Sitzkreis. Der Raum wird abgedunkelt. Dann erzählt die Lehrkraft eine Geschichte, in der jedes einzelne Kind der Lerngruppe vorkommt. Wird der Name eines Kindes genannt, so darf es sein LED-Teelicht anzünden und in die Kreismitte stellen. Nach und nach entsteht ein schönes Lichtermeer, in dem sich alle Kinder der Klasse wiederfinden.

Spiegelbild

Die Kinder stehen sich als Paare gegenüber. Die Lehrkraft erklärt das Vorgehen: Ein Kind macht Bewegungen vor. Das andere macht diese spiegelbildlich nach.

Ziel ist, dass die Kinder sich aufeinander einlassen und versuchen, sich in den anderen einzufühlen. Noch mehr gefördert wird dies, wenn ein Kind mimische Vorgaben macht und das andere versucht, die Grimassen zeitgleich zu imitieren.

Namen-Akrostichon

Die Kinder schreiben die einzelnen Buchstaben ihres Namens untereinander, dann schreiben sie zu den Buchstaben passende Begriffe:

- M: Mädchen
- A: abenteuerlustig
- R: rastlos
- T: träumerisch
- H: hilfsbereit
- A: abergläubisch

Die Wortspiele werden anschließend im Plenum vorgestellt. Die anderen Kinder dürfen danach auch eigene Einfälle zu den Namen nennen.

Kinder können durchaus dazu befähigt werden, mit Unsicherheiten (auch spielerisch) umzugehen

zeigen und zu der sie Kinder befähigen können, hat sich unter dem Begriff „Ambiguitätstoleranz“ einen Namen gemacht. Was als Vokabel etwas sperrig klingt, bezeichnet die Fähigkeit, widersprüchliche Realitäten auszuhalten, mit Unsicherheiten umzugehen, Mehrdeutigkeiten und Rollenkonflikte konstruktiv zu nutzen. Kinder, die an Vorbildern sehen können, wie das geht, z. B. wenn Erwachsene unterschiedliche Erfahrungen austauschen, entwickeln sozusagen nebenbei wichtige Basiskompetenzen für das Zusammenleben in einer herausfordernden Gesellschaft. Wer sich mit der Denkweise, mit den Gefühlen anderer Menschen beschäftigt und sich für sie interessiert, bekommt gleichzeitig mit, welche Regeln und Werte unser Zusammenleben bestimmen. Indem Kinder und Erwachsene darauf verzichten, ihrer eigenen Wahrheit eine Monopolstellung zuzuschreiben, üben sie sich so in sozialem Verhalten: „Wenn die Ambiguitätstoleranz eines Individuums in einer konkreten Situation nicht ausreichend vorhanden ist oder wenn eine Situation so widersprüchlich ist, dass ein zu hohes Maß an Ambiguitätstoleranz gefordert wird, kommt es zur Abwehr, d.h., entweder verdrängt es alle Widersprüche (…), oder das Individuum beharrt auf den eigenen Bedürfnissen (…).“[16]

Sozusagen als Verwandte der Ambiguitätstoleranz stellt sich die interkulturelle Kompetenz vor. Sie gilt manchen Soziologen als Schlüsselkompetenz für das 21. Jahrhundert. Bezieht sich die Ambiguitätstoleranz auf ein breites Tableau menschlichen Zusammenlebens, so konzentriert sich der Begriff der interkulturellen Kompetenz auf das Zusammenleben verschiedener Kulturen. Spätestens mit der Aufnahme geflüchteter Menschen aus Kriegsgebieten hat diese Kompetenz eine überwältigende Bedeutung für das friedliche Zusammenleben bekommen.

Wie gehen Kita und Grundschule mit zugewanderten Kindern um?

Karol aus Polen

Mitten im Schuljahr war er da, Karol aus Polen. Beiläufig erzählte Paul dies seiner Mutter beim Mittagessen. Karol konnte nur ganz wenige Wörter Deutsch. Mohamed war neu in Svens Klasse. Der Junge war aus Syrien geflohen. Er sprach ebenfalls kein Wort Deutsch und schreiben konnte er auch nicht. Christian Pagels, Schulleiter der Grundschule Posthausen in Ottersberg (Landkreis Verden / Niedersachsen; *www.grundschule-posthausen.de/Leitbild/*), nennt eine umfassende Information des Teams, der Eltern und der Kinder das „A und O", um zugewanderten Eltern die Ankunft zu erleichtern. Pagels weiß, welche Fragen und Faktoren besonders wichtig sind:

- Wie viele zugewanderte Kinder kommen in die Kindergruppe? Woher stammen sie?
- Wie werden die Kita oder Schule mit der Situation umgehen? In der Kita: Wie wird die Sprache der Kinder und Eltern gefördert und wie werden sie in die Einrichtung eingebunden?

Und in der Grundschule: Wie erfolgt die Stundenzuweisung? Wird eine Sprachlernklasse oder eine Gruppe eingerichtet?

Begegnen Sie möglichen Vorurteilen frühzeitig, indem Sie z. B. ein Informationsschreiben verfassen oder einen Informationsabend einrichten. Überlegen Sie gemeinsam mit allen an der Kita Beteiligten, wie den Familien die Ankunft und Eingewöhnung erleichtert werden kann. Fragen Sie sich und andere:

- Gibt es Formulare in mehreren Sprachen?
- Sind in der Einrichtung Personen, die als (Sprach-)Mittler eingesetzt werden können?
- Welche Ressourcen sind vorhanden, wer spendet z. B. Spiel- und Arbeitsmaterialien für die Kinder?
- Gibt es Eltern oder Großeltern, die beim Lernen der deutschen Sprache unterstützen würden?
- Können Eltern, Großeltern oder andere Verwandte als „Willkommensperson" das Einleben in der Kommune und das Verstehen des deutschen Bildungssystems erleichtern?

Christian Pagels weist darauf hin: Zugewanderte Kinder bringen selbst viel in die Gruppe ein. Sie lassen Mehrsprachigkeit lebendig werden. Sie wecken die interkulturelle Neugier und lassen uns in den interkulturellen Dialog treten. Vorurteile werden nebenbei abgebaut. Ein Bewusstsein für Demokratie und für die globalisierte Welt kann so Tag für Tag angebahnt, gelebt und verinnerlicht werden.

Ein interkulturelles Weihnachtsfest in der Kita und Grundschule

Es war meine (A. v. P.) erste Klasse; eine fröhliche Melange aus 26 Kindern aus elf Ländern. Die meisten Eltern waren aus Gründen der Arbeit zugewandert. Einige sprachen sehr gut Deutsch, manche nicht. Andere wiederum mussten unter einem Spagat zwischen Familie und Beruf ihre Qualifikation anerkennen lassen oder nachmachen. Im 3. Schuljahr hatten wir im Fach Englisch das Thema „Christmas". Alles war neu für die Kinder, die Vokabeln, die Sitten und Bräuche. So kamen wir auf die Idee, ein interkulturelles Weihnachtsfest zu feiern; mit Bräuchen und Speisen aus den Herkunftsländern der Kinder. Das Engagement unter Kindern und Eltern war groß – auch in den Elternhäusern, die sonst nicht so einfach zu erreichen waren. So wie die Klasse war dieses Weihnachtsfest fröhlich und bunt. Eltern, Kinder und Lehrkräfte kamen ins Gespräch darüber, wie man in ihrem Land Weihnachten feiert. Wir hörten von Fischschuppen, die unter einem Teller lagen und die man auf jeden Fall in die Geldbörse stecken sollte, damit einem das Geld nicht ausgehe. Wir aßen Piroggen und hörten vom Zuckerfest. Ganz zum Schluss tanzten wir auf dem Schulhof um einen Weihnachtsbaum.

Einladung zu einem zwanglosen gemeinsamen Frühstück

Der konstruktive Umgang mit kultureller Vielfalt entscheidet bereits jetzt über das friedliche Zusammenleben. Er ist ein Gegenentwurf zur Gewalt und bestes Beispiel für unsere Demokratie. Lernen und Einüben können kleine und große Kinder dies, indem wir ihnen z. B. den Wert der Gastfreundschaft vorleben. Respekt vor dem anderen zu zeigen und gastfreundliches Verhalten sind ein wunderbar geeignetes Verhaltens-Paar, welches Kindern beiläufig und unaufdringlich den Umgang mit anderen Menschen nahebringt. Sie reflektieren dabei intensiv, dass nicht nur sie Wünsche, Bedürfnisse und Gefühle haben, sondern auch alle anderen Menschen. Rituale spielen hierbei eine Rolle (z. B. den Tisch decken, über eine Sitzordnung grübeln, Begrüßungsregeln einhalten, Gesprächsthemen überlegen). In der Erwartung des Gastes bzw. der Gäste wird überlegt, was den anderen wohl erfreut und was ihm schmeckt, wozu man sich dem (vielleicht fremden) Gast zuliebe ausnahmsweise überwindet und wozu lieber doch nicht. Solche Überlegungen geben der Begegnung mit dem anderen einen schützenden Rahmen. Das Abwägen zwischen den eigenen Wünschen, den eigenen Kompromissen und den Bedürfnissen des / der anderen verdient Zeit und Zuwendung.

Kinder spielen sehr gern „Wir laden Gäste ein!". Ältere Kinder variieren das Spiel und laden gezielt zu einer Aufführung mit selbst geschriebenem Theaterstück, einer Ausstellung mit selbst gemalten Bildern oder einer Zirkusvorführung ein. Bevor sie in der Pubertät dazu neigen, sich zurückzuziehen und manches nur noch uncool zu finden, haben Erzieherinnen und Lehrerinnen viele Jahre Gelegenheit, die Freude an Gastfreundschaft zu unterstützen und den Umgang mit anderen wohlüberlegt zu üben.

Das Lied vom unerkannten Engel

Text: Markus Erhardt, Musik: Reinhard Horn

Dm Cmaj7/E Fadd9 G
da, nur ih - re Flü - gel wer - den oft - mals ü - ber - sehn. Da sind
F G Em7 Am7
un - er - kann - te En - gel, die mit uns durchs Le - ben gehn: Sie sind
Dm Cmaj7 C/F Dm7 G7 C
go to Str. 2 + Ref.
da, nur ih - re Flü - gel wer - den oft - mals ü - ber - sehn.
Bridge
A♭ B Cm7 B/D
Da sind En - gel, zahl - los vie - le, ü - ber - all auf die - ser Welt. Je - der
E♭ Fm7 Bm E♭
hilft an sei - ner Stel - le, je - der, wie es ihm ge - fällt. En - gel
A♭maj7 E♭/G Fm7 E♭
gibt es nie zu vie - le, En - gel la - den herz - lich ein: Bist du
Am7/5♭ A♭maj7 Fadd9 G
auch ei - ner von ih - nen? Du darfst ger - ne ei - ner sein!

Strophe 3
A7sus Dadd9 Gmaj7 Asus D
3. Da sind En - gel, die das sa - gen, was manch ei - ner nicht gern hört, die auch
Dadd9 Gadd9 Asus D A/C♯
Un - be - que - mes wa - gen, weil sie Un - ge - rech - tes stört. Ste - hen
Hm Fm/A G Em Dmaj7/F♯
auf für an - dre Men - schen, set - zen sich für Frem - de ein: Wer be -
Gmaj7 Dm7/F♯ Em7 Asus D
Refrain
droht ist in der Fer - ne, soll bei uns will - kom - men sein! Da sind
G A F♯m7 Hm7
un - er - kann - te En - gel, die mit uns durchs Le - ben gehn: Sie sind
Em7 Dmaj7/F♯ Gadd9 Asus
da, nur ih - re Flü - gel wer - den oft - mals ü - ber - sehn. Da sind
G A F♯m7
un - er - kann - te En - gel, die mit uns durchs Le - ben gehn: Sie sind
Em7 Dmaj7 D/G Em7 A7 D
da, nur ih - re Flü - gel wer - den oft - mals ü - ber - sehn.

Der unerkannte Engel[17]

1. Strophe:
Da sind Engel auf den Wegen
und den Straßen dieser Welt,
die ganz unerkannt dort stehen.
Wenn etwas hinunterfällt,
winken sie und rufen „Warte!"
beugen sich ein Stück nach vorn,
weisen freundlich auf den Boden:
„Hey, du hast da was verlorn!"

Da sind Engel auf dem Schulhof,
die ein hungriges Kind sehn,
die ihr Pausenbrot gern teilen,
sagen: „Iss nur. Bitteschön.",
die nicht feige da wegsehen,
wo ein Schwacher in Gefahr,
sondern ihm zur Seite stehen:
„Ich bin gerne für dich da!"

Refrain:
Da sind unerkannte Engel,
die mit uns durchs Leben gehn:
Sie sind da, nur ihre Flügel
werden oftmals übersehn.

2. Strophe:
Da sind Engel, die sich sagen:
„Ich will etwas Gutes tun!"
sorgen sich lieber um andre,
anstatt selber auszuruh'n.
Gehn ins Altenheim und spielen
einfach „Mensch-ärg're-dich-nicht",
und sie zaubern alten Menschen
so ein Lächeln ins Gesicht.

Refrain

Engel symbolisieren für Kinder das Gute in der Welt

Bridge:
Da sind Engel, zahllos viele,
überall auf dieser Welt.
Jeder hilft an seiner Stelle,
jeder wie es ihm gefällt.
Engel gibt es nie zu viele,
Engel laden herzlich ein:
Bist du auch einer von ihnen?
Du darfst gerne einer sein!

3. Strophe:
Da sind Engel, die das sagen,
was manch einer nicht gern hört,
die auch unbequemes wagen,
weil sie Ungerechtes stört.
Stehen auf für andre Menschen,
setzen sich für Fremde ein:
Wer bedroht ist in der Ferne,
soll bei uns willkommen sein!

Refrain

„Niemand verliert seine eigene Identität, wenn er sich Fremden gegenüber aufgeschlossen zeigt“

Wie zeigt sich interkulturelle Kompetenz? Wir stellen diese Frage Cornelia Spohn, die als Coach in Frankfurt vor allem zum Thema „Interkulturalität“ arbeitet[18].

In pädagogischen Arbeitsfeldern wird von Fachkräften häufig gefordert, interkulturell kompetent zu sein. Was ist darunter zu verstehen?

Cornelia Spohn: Ich fasse das gern in einem Satz zusammen: Interkulturelle Kompetenz ist nicht etwas, was man hat, sondern wie man etwas tut! Es bedeutet, offen zu sein; die eigene Angst, Fehler beim Aufeinandertreffen mit Fremden zu machen, zu reflektieren. Man kommt nicht darum herum, sich auch ein wenig selbst in Frage zu stellen. Es geht immer um den eigenen Umgang mit Irritationen, mit ungewohnten Lebenswelten, auch mit unterschiedlichen Milieus. Wir Deutschen haben aufgrund unserer Geschichte ein etwas „verdruckstes“ Verhältnis zum Fremden. Es ist bereits viel gewonnen, wenn man sich zugesteht, dieses unangenehme Gefühl zu haben. Man sollte es nicht verdrängen, sondern lieber von allen Seiten genau betrachten. Vor lauter Sorge, zu diskriminieren, scheuen wir manchmal den Kontakt zu Fremden und sind uns häufig nicht bewusst, dass wir sie gerade dadurch ausgrenzen.

Wenn wir auf Frauen mit Ganzkörperverschleierung befremdet reagieren, was sagt das über uns aus?

Cornelia Spohn: Das zeigt zunächst einmal, dass wir unsere unangenehmen Gefühle wahrnehmen und sie nicht leugnen. Darüber hinaus haben wir vermutlich Bilder von Musliminnen im Kopf, die wir vor allem den Medien entnommen haben. Diese Bilder transportieren Fremdheit. Sie betonen nicht die Gemeinsamkeiten, z. B. von Müttern, sondern zielen auf die Unterschiede zwischen den Menschen. Das wiederum macht befangen, vielleicht sogar ängstlich. Auch das Tragen eines Kopftuchs ist zunächst lediglich ein Zeichen dafür, dass diese Frau eine religiöse Überzeugung hat. Das hat jenseits der kulturellen Anbindung einen ganz eigenen Wert.

Wie könnten wir uns verhalten?

Cornelia Spohn: Es wäre hilfreich, wenn wir uns zunächst die Person ansehen würden, ohne vorschnell zu bewerten. Wir könnten uns fragen: Ist sie freundlich, geht sie liebevoll mit Kindern um, macht sie einen offenen Eindruck, für welche Werte tritt sie ein? In meiner Arbeit ermuntere ich Menschen, sich mit Interesse auf andere einzulassen. Niemand verliert seine eigene Identität, wenn er sich Fremden gegenüber aufgeschlossen zeigt.

Verantwortung und Selbstständigkeit

Unsere Staatsform Demokratie und die Verantwortung des einzelnen Menschen für ein lebendiges, tägliches Miteinander sind untrennbar miteinander verbunden. Das eine ist ohne das andere nicht möglich. Wie sähe eine Demokratie aus, in der wir uns ängstlich umschauen müssten, sobald wir uns über eine politische Entscheidung aufregen? Oder in welcher es uns egal wäre, ob in der Nachbarschaft ein Spielplatz einem Parkhaus weichen soll? Es ist bemerkenswert, was Menschen in einer auf Grundwerten und Freiheit basierenden Gesellschaftsordnung zustande bringen, wenn sie sich entscheiden, sich für eine bestimmte Sache zu engagieren oder eine andere abzuwehren. Die lokalen Medien sind jede Woche voll von positiven Beispielen; etwa dann, wenn sich Menschen dagegen wehren, dass ein Schwimmbad geschlossen werden soll. Wer jedoch abseits steht und sich heraushält, verliert seine Wirkmächtigkeit, sowohl für sein privates Leben als auch für das seines gesellschaftlichen Umfeldes. Beides ist eng miteinander verknüpft.

Den Begriff „Wirkmächtigkeit" kennen wir aus der Forschung zur frühen Kindheit, er spielt aber auch im Erwachsenalter eine Rolle, wenn es darum geht, uns zu entfalten, zu reifen, über unseren Schatten zu springen. Wer das Glück hatte, bereits als kleines Kind und von da an kontinuierlich zur Selbstständigkeit ermuntert zu werden, erlebt sich selbstwirksam, wirkmächtig und wird sich unablässig darin üben, noch „wirksamer" zu werden; dies im Sinne von: „Das versuche ich, das traue ich mir zu, die Verantwortung dafür übernehme ich." So entsteht ein wachsendes Zutrauen in die eigenen Fähigkeiten, welches Rückschläge verkraftet, diese als Lernerfahrung akzeptiert und sie als Bausteine einer erweiterten Selbstwirksamkeit integriert.

Kinder „lernen" Verantwortung wie vieles andere durch Nachahmung dessen, was sie bei mit ihnen verbundenen Personen beobachten. Gerade beim Verantwortungslernen ist die Bindung zwischen Kind und Erwachsenem wichtig, denn „Verantwortung" entwickelt sich anders als Sprache oder Motorik nur sehr begrenzt von selbst. Der Erziehungswissenschaftler Ludwig Liegle schreibt: „Alle Formen von Verantwortung gehen von der Voraussetzung aus, dass sich jeder einzelne Mensch zugleich als ‚Mensch-in-Gemeinschaft' – also sich in Beziehung zu anderen begreifen und verhalten soll. Die Orientierungsmuster für das Denken und Handeln, die damit angesprochen sind, werden üblicherweise als ‚Werte' bezeichnet. (...) Vieles spricht dafür, dass eine Form des Lernens für sich genommen nicht ausreicht, um Kinder zur Verantwortlichkeit gelangen zu lassen. Beispielsweise können Kinder sich das Vorbild der Erwachsenen zu eigen machen, können es aber auch übersehen, vernachlässigen oder gar ablehnen. Es bedarf daher der Aufforderung zur Verantwortung aufseiten der Erwachsenen sowie der Einsicht und Entscheidung aufseiten der Kinder. Umgekehrt läuft die Aufforderung zur Verantwortung ins Leere, wenn Erwachsene den Kindern kein Vorbild für verantwortliches Handeln sind."[19]

Verantwortung muss demzufolge auch geübt werden, dafür brauchen Kinder neben Vorbildern auch Handlungsspielräume, also ein gewisses Maß an Freiheit, sowie Angebote und Möglichkeiten der Partizipation. In vielen Bildungsplänen werden Ansätze der Partizipation beschrieben, z. B. in den Bildungs- und Erziehungsempfehlungen für Kindertagesstätten in Rheinland-Pfalz. Darin heißt es: „Die pädagogische Arbeit soll so angelegt sein, dass die Kinder zu selbstständigem Handeln und Lernen angeregt werden. Die Kinder sollen lernen, eigene Entscheidungen zu treffen und zu verantworten. Durch Partizipation im Alltag der Kindertagesstätte erleben Kinder zentrale Prinzipien von Demokratie. Partizipation setzt eine entsprechende Haltung von Erzieherinnen und Erziehern voraus, die sich in alltäglichen Handlungen und in besonderen Methoden wie z. B. der Kinderkonferenz widerspiegeln." (Ministerium für Bildung 2004, S. 85)

Auch die Demokratie kennt Ohnmacht, oft ist es selbstverschuldete Ohnmacht, wenn der Einzelne nicht mitredet, nicht mitgestaltet, nicht zur Wahl geht, sich nicht für zuständig erklärt, obwohl über ihn und seine – unsere – Gesellschaft befunden wird. Ich weiß, dass es nicht jedem gelingt, sich etwa in einer Partei zu engagieren. Aber unsere Gesellschaft bietet doch unzählige Möglichkeiten, sich einzubringen: in Verbänden und Vereinen, in Kirchen und Gewerkschaften, in der Nachbarschaftshilfe, in Nichtregierungsorganisationen und nicht zuletzt im engagierten Milieu der Netzgemeinde. Wir dürfen niemals vergessen, dass unsere Demokratie nicht nur bedroht ist von Extremisten und von Fanatikern und Ideologen, sondern dass sie ausgehöhlt werden und ausdörren kann, wenn die Bürger im Land sie nicht mit Leben erfüllen. [20]

Joachim Gauck, Bundespräsident (2012–2017)

Wettbewerbe, Preise, Zertifizierungen: Ausdruck gemeinsamer Verantwortung

Unter der Überschrift „UnternehmensWerte – CSR. Made in Germany"[21], hat die Bundesregierung am 24. Januar 2017 sozial und ökologisch nachhaltig wirtschaftende Unternehmen mit dem CSR-Preis der Bundesregierung 2017 ausgezeichnet, darunter die Rapunzel Naturkost GmbH und die Weleda AG (bekannt für Bio- und Naturkosmetika sowie anthroposophische Arzneimittel). Sechs Unternehmen erhielten außerdem den Sonderpreis „Betriebliche Integration von geflüchteten Menschen". Die Vorstellung, Ökonomie und Ökologie, unternehmerisches Handeln und soziale Verantwortung seien Gegensatzpaare, hat sich inzwischen als veraltet erwiesen. Managementtheorien gehen inzwischen vielmehr vom Gegenteil aus: Unternehmen, die nachhaltig wirtschaften und Menschen auch wertebezogen an sich binden, sind langfristig oft erfolgreicher.

Der Sprung von Wirtschaftsunternehmen zu Kitas und Schulen mag gewagt erscheinen, aber die Erfahrungen von Unternehmerinnen und Unternehmern, dass nach außen kommunizierte Werte und gesellschaftliche Verantwortung Kunden anziehen und binden, machen auch Kitas und Schulen. Es spricht sich unter Eltern sehr schnell herum und wird von diesen mit erhöhten Anmeldezahlen honoriert, wenn eine Kita, eine Grundschule oder eine weiterführende Schule sich durch ein besonderes Engagement auszeichnet, dieses bekannt macht und dafür wirbt. Kitas und Schulen machen sich dadurch unterscheidbar von anderen und geben darüber hinaus Eltern Auswahlkriterien an die Hand, wenn es darum geht, zu entscheiden: „Welche Kita / Welche Schule passt zu uns und unserem Kind?" In dem Maße, in dem auch Eltern zu Hause darum ringen, welche Werte verhandelbar sind, auf was man sich in der Familie verständigen kann, was man vielleicht schweren Herzens aufgibt und woran man festhalten möchte, in dem Maße steigt auch das Bedürfnis von Eltern nach Orientierung und Unterstützung in der Vermittlung etwa von de-

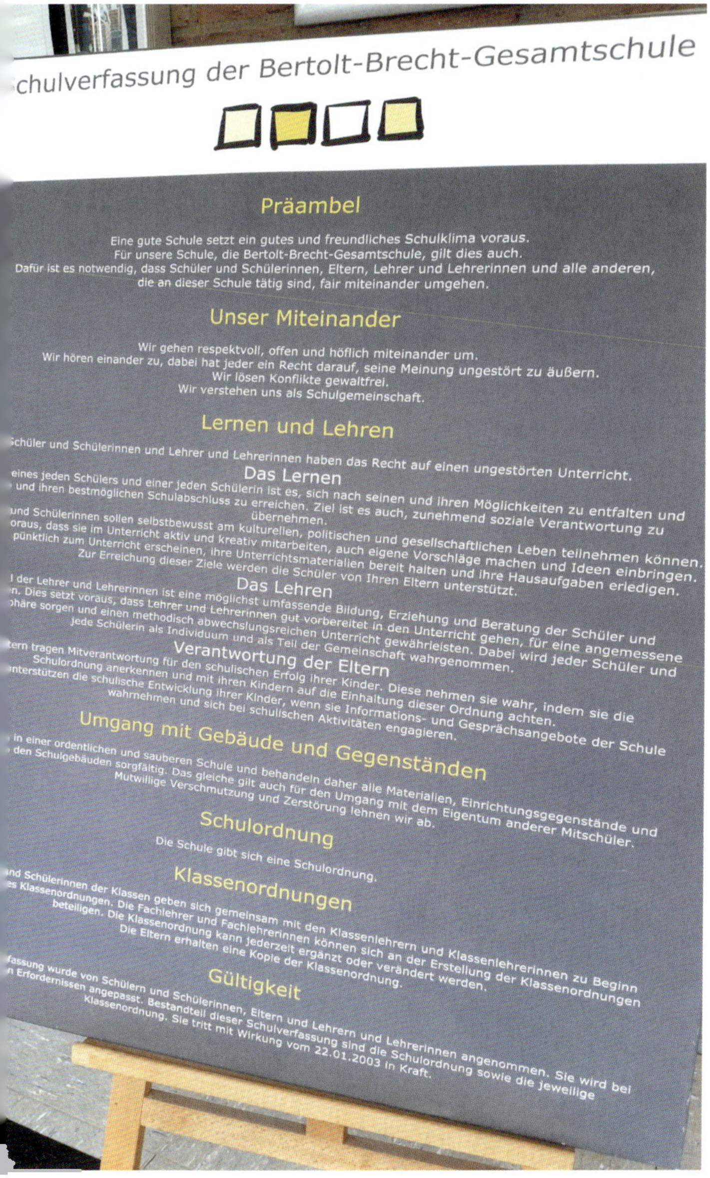

Die Schulverfassung steht für alle sichtbar im Flur. Jedes Jahr Anfang März wird der Tag der Schulverfassung gefeiert, u.a. mit der Ehrung von kognitiven und sozialen Schülerleistungen

mokratischen Prinzipien. Der Erziehungswissenschaftler Wolfgang Beutel erläutert: „Es ist klar, dass Verantwortung eine subjektive Seite hat, die aus den Erfahrungen und Lernperspektiven von Schülerinnen und Schülern, aber auch der Lehrkräfte in der Schule resultiert. Ebenso klar ist auch, dass Verantwortung eine gesellschaftliche Komponente einschließt, indem sie sich den Fragen und Herausforderungen stellt, die sich heute aus den Aufgaben, Problemen und Umbrüchen im öffentlichen und politischen Leben in unserer demokratischen Gesellschaft ergeben. Damit ist eine grundlegende Gemeinwohlorientierung im Lernen und Handeln der Schule gemeint. (…) Das kann eine substanzielle, weite Teile der Schülerschaft mitnehmende SV / SMV sein, die mehr gestaltet als nur ein kulturelles Rahmenprogramm zum Schulalltag, sondern die sich auch vor politischen Themen nicht scheut. Andere Formen der regelhaften Partizipations- und Entscheidungsstruktur spielen ebenfalls eine Rolle; insbesondere gilt das für den Klassenrat sowie für Jahrgangs-, Stufen- und Schülerparlamente.“[22]

Dazu ein paar Beispiele: An der Grundschule am Buntentorsteinweg in Bremen weisen gemeinsame Projekte der ganzen Schule deutlich über den Binnenraum der Schule hinaus. So wurde das Projekt zur politischen Verantwortung „Wahlen, Parteisystem und Regierungsbildung“ vom bundesweiten Wettbewerb „Demokratisch Handeln“[23] ausgezeichnet. Ein weiteres Beispiel aus diesem Wettbewerb: Seit November 2014 ist die Schloss-Ardeck-Grundschule in Gau-Algesheim (Rheinland-Pfalz) im Einsatz für Kinderrechte. Neben der inhaltlichen Auseinandersetzung gibt es zahlreiche Aktivitäten, wie z. B. eine Unterschriftensammlung, die für die Aufnahme der Kinderrechte ins Grundgesetz plädiert, eine Auszeichnung als

Schülerbibliothek

Einmal im Monat tagt in vielen Grundschulen der Schülerrat. Hier kommen alle Klassensprecherinnen und Klassensprecher mit der Schulleitung zusammen und besprechen Themen, die aus Sicht der Kinder aktuell sind. In einer Grundschule im südlichen Bayern gab es eine Schülerbibliothek, die es Kindern ermöglicht, sich einmal pro Woche neue Lektüre auszuleihen. Den Kindern der zweiten Klasen war dies zu wenig. Deshalb baten sie ihre Klassensprecher, ihr Anliegen im Schülerrat vorzutragen. Die Mitglieder des Schülerrates erarbeiten Lösungsvorschläge und gaben diese der Schulleitung mit. Diese sprach die Vorschläge in einer Dienstbesprechung an – und die Lehrkräfte überlegten, ob und wie diese zu realisieren sein könnten. Die Mitglieder des Schülerrates erhielten in der nächsten Sitzung ein Feedback und konnten dieses dann an die Kinder ihrer Klasse tragen.

Sammelkarten

Sammelkarten wie „Pokemon" und „Yo-Gi-Oh!" wurden mit der Zeit zu einem Ärgernis an vielen Grundschulen. Sie wurden immer häufiger im Unterricht hervorgeholt, es entstanden Streitigkeiten rund um diese Karten. Lehrkräfte und manche Kinder an einer Grundschule waren sich einig: Die Karten bringen mehr Unannehmlichkeiten mit sich, als dass sie konstruktiv genutzt werden. Folglich wurden sie verboten. Eine Zeitlang ging das gut, doch eines Tages tauchten die Karten wieder auf. Was tun? Eine Lehrerin, deren Klasse besonders „betroffen" war, sprach mit den Kindern. Diese machten Vorschläge für einen eingeschränkten Umgang mit den Karten in der Schule. Nach einem Gespräch mit der Schulleitung konnte die Lehrerin den Kindern in Aussicht stellen, dass das Thema „Sammelkarten in unserer Schule" ein Thema im Schülerrat werden würde. Alle Vertreterinnen und Vertreter aus den Klassen würden mit der Schulleitung in den Dialog über das den Kindern wichtige Thema treten und eine gute Lösung für die Schule erarbeiten. Ergebnis: Es gibt heute zuvor vereinbarte, Termine, an denen die Karten in die Schule mitgebracht und nach festen Regeln getauscht werden dürfen.

Sammelaktion

In einer Kommune machten einige Eltern darauf aufmerksam, dass die Schule an einer Sammelaktion von Wasserflaschendeckeln teilnehmen könne. Die Schulleitung lud diese Eltern in den Schülerrat ein. Dieser stimmte zu und machte die anderen Kinder auf diese Aktion aufmerksam und erklärte ihnen, wie diese durchgeführt wird.

Noch ein Hinweis

Der Erziehungswissenschaftler Ludwig Liegle weist in seinem oben zitierten Aufsatz darauf hin, dass bei der gezielten Herausforderung bewussten Lernens von Verantwortung die Gefahr besteht, dass diese von den Kindern als moralischer Appell oder sogar Druck erlebt wird und in der Folge ihren eigenen Antrieb, Verantwortung zu übernehmen, eher schwächt als stärkt. Dieser Gefahr, so Liegle, könnten Fachkräfte dadurch begegnen, indem das Einüben von Verantwortungsübernahme in eine Praxis der Partizipation und des Engagements in konkreten Projekten und ins kindliche Spiel eingebunden wird.

Dazu ein Tipp aus der Praxis: An vielen Schulen gibt es Spielmaterialien für die Kinder, mit denen sie in der Pause spielen können. Damit diese Materialien an einem sicheren Ort gelagert werden können und kontrolliert wird, ob alle Materialien wieder an ihren Platz zurückkommen, setzen einige Schulen Kinder der vierten Klassen ein, um den sog. „Häuschendienst" zu übernehmen. Sie notieren, an wen Spielzeug ausgeliehen wird und halten fest, wenn das Material wieder abgegeben wird. Hier werden zwei Fliegen mit einer Klappe geschlagen: Die Kinder lernen, für ihre eigenen Materialien Verantwortung zu übernehmen. Und die Schule weiß, dass sich um die Materialien gekümmert wird.

UNICEF-Botschafter sowie die Initiative „Ein Platz für alle Menschen", in der alte Holzstühle zu Kinderrechts-Plätzen umgestaltet werden.

Die Teilnahme an Wettbewerben ist eine gute Möglichkeit, sowohl das verantwortliche Verhalten von Kindern als auch die Gemeinschaft zu stärken. Gleichzeitig ist die Vorbereitung eines Wettbewerbsbeitrages eine hervorragende Gelegenheit für Kinder und Erwachsene, sich über bestimmte Werte auszutauschen, Argumente abzuwägen, Prioritäten zu setzen und sich die Stärken aller Beteiligten bewusst zu machen. Ein Preis oder eine Anerkennung ist damit immer eine Würdigung solchen Engagements. *Dazu ein Beispiel*: Die Meusebach-Grundschule in Geltow (Brandenburg)[24] beteiligte sich mit einem kleinen Film an dem Wettbewerb „Fair bringt mehr – Der Wettbewerb für mehr Miteinander": „(...) Als die Kategorie „Grundschule" vorüber war, ohne dass wir aufgerufen wurden, gab es lange Gesichter. (...) Die letzte Kategorie hieß „Kreativität" – und wir hatten nicht den Dritten, nicht den Zweiten, sondern den 1. Platz! Frieda und Nika waren ganz aus dem Häuschen, hatten sie doch schon befürchtet, leer auszugehen. Es gab € 2500,– Preisgeld. Was wir damit machen? Natürlich einen neuen Film. Aber vorerst wurde die Bühne gerockt und Amelie durfte mit DSDS-Star Aneta zeigen, wie man ein Herzchen mit den Händen formt. (...)"

Die Übernahme von Verantwortung ist keine Selbstverständlichkeit. Sie braucht ihrerseits Wertschätzung, um nicht zu verkümmern, sondern weiter zu gedeihen und sich auszudifferenzieren. So manche Erzieherin oder Lehrerin hat selbst erst im Laufe zahlreicher Berufsjahre erkannt, welche Talente zur Verantwortungsübernahme in ihr schlummern. Und manch-

FÜR DIE PRAXIS

Aus einer Idee wird ein Profil

Als es im Großraum Köln einen Aufruf zur Kooperation von Kitas und Museen gab, machte die Erzieherin Elke ihre Kita-Leitung darauf aufmerksam. Ihre Anregung fiel nicht auf sonderlich fruchtbaren Boden, aber die Leitung hatte auch nichts dagegen, dass Elke mit ihrer Gruppe hin und wieder ins Museum ging.
Das war vor einigen Jahren.
Heute hat sich diese Idee folgendermaßen entwickelt: Jahr für Jahr verbringen die Vorschulkinder jede Woche (!) einen Nachmittag mit Elke und einer Museumspädagogin im Museum. Eine Vernissage in der Kita, zu der neben den Eltern auch die Lehrerinnen der benachbarten Grundschulen, Vertreter der Kirchen, der „Dorfpolizist" u. a. eingeladen werden, wird mit Empfang und Büffet zu einem einzigartigen Höhepunkt gestaltet. In seiner Kreativität gestärkt und selbstbewusst nimmt danach jedes Vorschulkind sein Kunstwerk mit nach Hause.
Die Kita heißt offiziell zwar immer noch nach der Straße, an der sie liegt, aber im Stadtteil wird sie nur die „Kunst-Kita" genannt. Die Erzieherin Elke gibt inzwischen mit der Museumspädagogin Seminare für pädagogische Fachkräfte, die mit Kindern künstlerisch arbeiten möchten.

fundus und damit einer verarbeitenden Angleichung an familiäre und gesellschaftliche Normen und Werte.

Rollenspiele laufen ja vor allem über Kommunikation. Warum ist das Sprechen dabei so wichtig?

Gabriele Becker: Kinder reden nicht nur im Rollenspiel, sondern denken auch häufig laut, sie führen z. B. Selbstgespräche im Spiel. Sie üben sich darüber in der Kommunikation mit sich selbst. Das „Sich-selbst-Hören" fördert die Selbstwahrnehmung, Sprache und Verarbeitungsfähigkeit. Was ausgesprochen wird, kreist nicht mehr sorgenvoll im Kopf herum, sondern erhält eine Konkretion und damit eine Richtung, auf die das Kind weitere Gedankengänge und Handlungen folgen lässt. Die Fähigkeit zum Selbstgespräch hat übrigens eine selbstheilende und regenerative Wirkung, was im Erwachsenenalter meist als „kindlich oder senil" abgetan wird. Dabei hat das „im Gespräch sein mit sich selbst" auch bei Erwachsenen dieselben positiven Effekte.

Im Rollenspiel nehmen sich Kinder selbst und neu wahr, ein wichtiges Lernfeld

Nachhaltigkeit und Ressourcen schonen

Nachhaltigkeit ist nicht unbedingt ein Wort, das Kinder in ihrem aktiven Wortschatz mit sich führen. Dennoch würden sie blitzartig folgende Geschichte erfassen: „Es war einmal vor langer, langer Zeit ein Junge mit dem Namen Hans. Der streifte mit seinem Vater, der ein Oberforstmeister war, fast täglich durch die Wälder in Sachsen. Er beobachtete Rehe, Hirsche und Hasen, befühlte die Rinde alter Bäume und lernte von seinem Vater, woran er erkennen konnte, wie lange es gedauert hatte, bis ein Baum so hoch gewachsen war, dass es aussah, als berührte er den Himmel. Kam Hans an einen Fluss, sah er den Flößern zu, wie sie schwimmende Baumstämme die Flüsse hinuntertreiben ließen. Manchmal ließ er sich mit seinem Vater bei einem einsamen Köhler nieder und staunte darüber, wie der etwas seltsame und brummige Mann aus abgeholzten Bäumen Holzkohle herstellte. Als Hans älter wurde, studierte er an der Universität von Jena. Danach reiste er fünf Jahre durch Europa und lernte die Länder England, Frankreich, Schweden und Italien kennen. Bei seinen Reisen fiel ihm auf, dass es nur wenig Holz in Europa gab. Als er nach Hause zurückkam, wurde er in seiner Heimat Oberberghauptmann des Erzgebirges. Das war nun sein Beruf. Jetzt durfte er sich als erwachsener Mann um die Wälder in seiner Heimat kümmern, aber auch um die Flößer und Köhler. In diesen Jahren, in denen Hans lebte, wurden immer mehr Menschen geboren und diese brauchten sehr, sehr viel Holz. Nicht nur für sich selbst, um es Zuhause schön warm zu haben, sondern auch für große Öfen, in denen Metall geschmolzen wurde. Über 1.000 Grad mussten die Öfen heiß bleiben. So konnte Eisen gewonnen werden, mit denen z. B. Kochtöpfe und Kanonen hergestellt wurden. Es wurden also immer mehr Bäume gefällt, sogar ganze Wälder starben aus. Hans war sich nicht sicher, ob man wirklich so

Shopping-Queen: Der Maler Arno Müskens greift mit diesem Bild das Konsumverhalten unserer Zeit auf

viel Holz brauchte. Es gab damals aber noch keine Gesetze, welche Bäume und wie viele in einem Jahr geschlagen werden durften. Der Oberberghauptmann machte sich Sorgen um die Wälder, um die bei ihm Zuhause im Erzgebirge, aber auch um jene in anderen Ländern. Er dachte immer wieder darüber nach, sprach mit den Menschen, und überlegte: ‚Wenn jetzt so viele Wälder abgeholzt werden, wo sollen dann unsere Kinder und Enkel ihr Holz herbekommen?' Deshalb schrieb er ein dickes Buch, das 432 Seiten hatte. Darin erklärte er den Menschen: ‚Man soll keine alten Kleider wegwerfen, bis man neue hat. Und man soll ausgewachsene Bäume nicht eher abholzen, bis genügend neue Bäume nachgewachsen sind. Geht deshalb mit dem Holz sorgsam um und verhütet unnütze Verschwendung.'"

Versunken in die Betrachtung von Glitzersteinen: Kleine Kinder nehmen sich ihre Auszeiten, wenn wir sie lassen

So etwa könnte es sich vor über 300 Jahren zugetragen haben. Wir haben das Leben von Hans Carl von Carlowitz (1645–1714; *www.denkstroeme.de/heft-10/s_77-93_grober*) für die Ohren von Kindern zusammengefasst und frei nacherzählt. Dessen Gedanken gelten manchen Ökonomen als die Geburtsstunde der Nachhaltigkeit. Die originalen Worte zur nachhaltigen Forstwirtschaft hat von Carlowitz 1713 in der „Sylvicultura oeconomica" aufgeschrieben, jenem 432 Seiten starken Buch. Er formulierte dort die Worte „nachhaltende Nutzung". Der Gedanke der Nachhaltigkeit und der Gebrauch des Wortes ist also mindestens 300 Jahre alt – und klingt in unserem 21. Jahrhundert so modern nach „Öko" und Zeitgeist.

Wer abwägt, geht einen Moment auf Abstand

Wir leben in einer schnelllebigen Gesellschaft und in einer des Überflusses. Das können wir beklagen, aber nicht ändern. Wir sind anders sozialisiert als Hans Carl von Carlowitz und sollten auf einen Vergleich verzichten. Wer sich zu stark nach vergangenen Zeiten zurücksehnt, verpasst die Chance, dem „Jetzt" seinen Stempel aufzudrücken, z.B. durch bewussten Einkauf und Konsum. Laut einer Studie des Bundesministeriums für Ernährung und Landwirtschaft zum Einkaufs- und Essverhalten[26] achtet heute knapp die Hälfte der Verbraucherinnen und Verbraucher in Deutschland auf Merkmale wie biologische Anbauverfahren und Nachhaltigkeit. Deutschland ist nach den USA der zweitgrößte Biomarkt der Welt mit steigendem Potenzial, der noch keine Zeichen von Erschöpfung aufweist. Im Gegenteil: Der Umsatz mit Öko-Produkten erhöht sich Jahr für Jahr und hat dazu geführt, dass die heimischen Anbieter den Trend nicht mehr allein bedienen können und Deutschland auf Importe angewiesen ist.[27]

Sparen, ohne geizig zu sein, signalisiert Kindern: „Es lohnt sich, darauf zu warten, dass ich mir einen Wunsch erfüllen kann.“

„Bio“ bedeutet ökologische Landwirtschaft und Erzeugung im Einklang mit der Natur. Das zeigt sich z. B. darin, dass die Achtung und Erhaltung des natürlichen Kreislaufes vom Boden zur Pflanze im Vordergrund steht, Tiere artgerecht gehalten werden und die Produkte möglichst regional vermarktet werden. Wer sich Gedanken darüber macht, was und wie viel er einkauft, wer vielleicht einmal in der Woche entscheidet, ob ihm der längere Weg zum Hofladen mehr wert ist als der schnelle Gang zum nahe gelegenen Discounter, der wägt ab. Dieses Abwägen nehmen Kinder wahr. Ihre feinen Antennen speichern die Signale, die Erwachsene aussenden, wenn sie schnell und nebenbei eine billige Großpackung Hähnchenschenkel in den Einkaufswagen legen. „Fleisch ist nicht viel wert!“, lautet die Übersetzung der Kinder. Logische Folge: Das Huhn ist es auch nicht.

Wer abwägt, hält inne, geht für einen Moment auf Abstand, um eine Entscheidung zu treffen. Abwägen ist nicht das Gegenteil von Inaktivität, sondern von Impulsivität. Abzuwägen ist ein ziemlich unspektakulärer Gegenentwurf zu der Schnelllebigkeit um uns herum. Wir sind dem nicht bedingungslos ausgeliefert. Wir können „Stopp!“ sagen und Kindern vorleben, wie das geht, innezuhalten und achtsam mit sich und den vielen Angeboten um uns herum zu sein. Die Fähigkeit, sich einen Moment zu besinnen und abzuwägen, gibt Kindern Halt. Sie verstehen, um beim Beispiel zu bleiben, dass das Einkaufen von Lebensmitteln oder anderer Waren keinem Automatismus folgen muss.

Warten können: eine große Leistung

Der bewusste und abwägende Umgang mit jeder Form von Konsum gilt übrigens als ein wichtiger Faktor in der Suchtprävention. Ende der 60er-Jahre wurde der Österreicher Walter Mischel mit seinem legendären „Marshmallow-Experiment“ berühmt. Es hat bis heute nichts von seiner großen Überzeugungskraft eingebüßt und ist vielen Leserinnen und Lesern sicher bekannt. In aller Kürze: Der Professor für Psychologie setzte Kinder im Alter zwischen vier und sechs Jahren vor einen Marshmallow und versprach dem, der abwarten könne, dass er zur Belohnung zwei essen dürfe. Durch einen Spiegel beobachtete er die Kinder. Manche bissen sofort in die klebrige Süßigkeit, andere schafften es bei sichtbarer Anstrengung, abzuwarten, bis der Professor wiederkam. Mit über 500 Kindern wurde das Experiment bis heute wiederholt. Jahre später stellte sich heraus, dass die zwischen dem kurzfristigen Genuss und der zu erwartenden Belohnung abwägenden Kinder als Erwachsene beruflich erfolgreicher, emotional stabiler und seltener drogenabhängig geworden waren. Dazu passt, dass die verhaltensökonomischen Studien des Ökonomen Matthias Sutter belegen, dass Alkoholiker deutlich ungeduldiger sind als jene Menschen, welche Alkohol maßvoll genießen. Und die Wirtschaftswissenschaftler David Laibson und Christopher Charbris von der Harvard University entdeckten sogar einen generellen Zusammenhang zwischen der Unfähigkeit, auf etwas zu warten und einem ungesunden Lebensstil.

„Alles Öko“: So achten wir auf Ressourcen in Kita und Grundschule

„Wir sind jetzt eine Umweltschule – Plastikhefter darf ich nicht verwenden!“, ruft Leonie, als sie mittags zur Tür herein kommt. Grundsätzlich findet Leonies Mutter das gut, die weiterführende Schule ihrer Tochter hat die Anschaffung von Heftern in Papierform in diesem Fall jedoch einfach zu spät kommuniziert. Deshalb reagieren manche Eltern verstimmt. Das lässt sich durch ein strukturiertes Vorgehen und gute Kommunikation vermeiden. Machen Sie sich im Team Gedanken darüber, was Ihnen an Ihrer Einrichtung besonders wichtig im Umgang mit Ressourcen ist:

- Welches Material wollen Sie verwenden?
- Wie weisen Sie Kinder und Personal darauf hin, mit den Ressourcen Strom und Wasser sparsam umzugehen?
- Wie geht man in der Einrichtung mit Papier um?
- Wie geht man in der Einrichtung mit Lebensmitteln um?
- Notieren Sie die wichtigen Bereiche, in denen Sie zunehmend auf einen bewussten Umgang achten möchten und formulieren Sie jeweils ein Ziel. Setzen Sie sich zunächst nicht mehr als fünf Ziele, die Sie sukzessive in Ihrer Einrichtung umsetzen möchten. Das ist ein guter Anfang und regt an, sich weiterhin mit der Thematik auseinanderzusetzen. Machen Sie sich außerdem Gedanken über den Umgang mit eigenen Ressourcen. Fragen Sie sich:
- Was ist Ihnen wichtig?
- Was gibt Ihnen Momente der Ruhe und Entspannung?
- Berücksichtigen Sie diese Momente im Kita- oder Grundschulalltag?
- Was stresst Sie und: Wie gehen Sie mit Stress um?

Um mit Kindern und Eltern sowie Kolleginnen und Kollegen professionell umzugehen, benötigen Sie Strategien, Stress zu begegnen und eigene Ressourcen gezielt einzusetzen bzw. auch, sich selbst abzugrenzen, wenn es nötig wird.
Das Übergangs-Projekt PERLE[28] unterstützt hier z. B. Schulleitungen, indem es diesen kompetent geschulte Mitarbeiterinnen und Mitarbeiter an die Seite stellt, die durchaus schwierige Gespräche innerhalb des Teams oder auch mit Eltern führen können. Eine Schulleitung formulierte das so: „Das ist für mich eine große Entlastung, wenn ich weiß, ich kann meine Mitarbeiterin in das Gespräch mit einer Familie senden – und kann mich in der Zeit anderen Schulleitungsaufgaben widmen.“
Im Umgang mit eigenen Ressourcen sollten Sie sich immer wieder kleine Auszeiten schaffen. Das kann die Tasse Tee sein, die Sie mit einer Freundin trinken, die Schmökerstunde am Abend oder das Singen im Chor – oder auch die Stunde beim Laufen. Besonders wichtig sind aber auch Entspannungsübungen. Yoga hat sich hier als sehr effektiv erwiesen, ebenso Qigong oder die progressive Muskelentspannung. Inzwischen gibt es auch Apps, die überall und zu jeder Zeit Anregungen bieten, effektive Entspannungsübungen durchzuführen. So etwa „7Mind“[29], ein Programm, das zunächst kostenlos in das Programm einführt und später gezielte Übungen für verschiedene Themenbereiche zur Verfügung stellt.

Ein Kind hat in diesem Bild seine Gedanken zu ökologischem Landbau und Umweltverschmutzung festgehalten

Kinder im Kita- oder frühen Grundschulalter erfassen natürlich noch nicht diese Dimensionen, wenn wir sie z.B. ermuntern, sich noch etwas zu gedulden, einen Moment abzuwarten oder einen Wunsch auf morgen (je nach Fähigkeit und Alter!) zu verschieben. Aber sie erleben am Vorbild von Erwachsenen, dass sie eine Wahl haben. Und dass die Entscheidung für das eine oder andere mit Konsequenzen verbunden ist; für das Kind selbst und möglicherweise für andere. Dass Vorfreude einen Wert hat, kann hier ebenfalls auf wunderbare Art zum Tragen kommen. Sich auf morgen zu freuen und am nächsten Tag mit dem Gedanken aufzuwachen: „Heute ist der Tag, an dem ich das darf, was ich mir gestern gewünscht habe!" – das hat wirklich einen besonderen Wert.

gebet an der see

leih mir
den schwung der wellen am frühen morgen
die kraft
bei ebbe
auf die flut zu warten
schenk mir
den humor einer lachmöwe
den glauben einer schnecke
daran,
dass ich auch langsam vorwärtskomme
und
die freiheit der krebse
auch mal rückwärts zu gehen

Sabine Heuser

Angesichts der unüberschaubaren Wahlmöglichkeiten in einer Vielzahl von Lebensbereichen gehört das Innehalten (s. **Gedicht oben**) und Auswählenkönnen vielleicht sogar zu den wichtigsten Fähigkeiten, auf die sich Wertebildung heute konzentrieren sollte. Es ist unter diesem Gesichtspunkt unerheblich, ob es bei dem Auswählen und Entscheiden für oder gegen eine Sache darum geht, ruckzuck eine ganze Tafel Schokolade aufzuessen, nach einem Film auf dem Tablet noch einen weiteren anzusehen oder das Chatten mit dem Smartphone auf den ganzen Sonntag auszudehnen. Tatsache ist, dass jede Maßlosigkeit zu Konsequenzen führt, die zunächst der Einzelne, aber in der Summe eine Gesellschaft tragen muss. Erwachsene, denen dies klar geworden ist und die sich im Rahmen von Wertebildung dafür einsetzen, Ressourcen schonend zu konsumieren und die Folgen zu bedenken, haben häufig „Global Player" aus Politik und Konzernen gegen sich, die die Welt mit ihren Marketingstrategien und Wachstumsprämissen überziehen.

Zu Maßlosigkeit und unkritischem Konsum von Lebensmitteln gibt es auch Gegenbewegungen: Als Beispiel sei hier „Slow Food®" genannt. Slow Food® wurde 1986 von dem Journalisten und Soziologen Carlo Petrini als Verein zur Erhaltung der Esskultur in der norditalienischen Kleinstadt Bra gegründet. Das anfängliche Ziel des Vereins war es, für gutes Essen, kulinarischen Genuss und ein moderates Le-

Warten lernen

Silas soll in der kommenden Woche Kartoffeln mit in die Schule bringen. Sie machen „ein Kartoffelprojekt“. Silas' Lehrerin hat für ihre Klasse ein Stück Schulgarten ergattern können. Sie pflanzt dort mit ihrer Klasse im März Kartoffeln. Regelmäßig pflegen und bewirtschaften die Kinder ihr Stück Land. Sie halten in einem Kartoffel-Tagebuch fest, was sie tun, um die Kartoffeln zu pflegen und welche Fortschritte sich zeigen. Im Herbst ernten sie die Kartoffeln und lagern diese ein. Die Kinder schreiben eine Einladung an Eltern und Geschwister zu einem „Kartoffelfest“. Hierfür bereiten sie in der Klasse einfache Speisen aus ihren Kartoffeln zu. Und sie bringen Kartoffeln mit nach Hause. Die Eltern sollen mit ihren Kindern einen kulinarischen Beitrag zu dem Kartoffelfest leisten. Im Rahmen des Festes werden Fotos und Auszüge aus dem Kartoffel-Tagebuch präsentiert. Mit relativ wenig Aufwand lassen sich kleine Gartenteile oder Beete in der Kindertagesstätte und Grundschule bewirtschaften. Für die Kinder ist das gemeinsame Gärtnern, das Warten auf die eigenen Produkte – und manchmal auch das Scheitern – eine wichtige Erfahrung. Kartoffeln, Erdbeeren, Bohnen-Tipis, Sonnenblumen: All diese sind nicht (wie gewohnt) im Supermarkt um die Ecke zu kaufen. Stattdessen können sie durch eigenes Tun, eigene Mühe und eigenen Einsatz gedeihen, und zwar genau in der Zeit, die sie dafür eben benötigen. Warten können kann man lernen, Schritt für Schritt.

benstempo einzutreten. Heute ist Slow Food® eine weltweit wirkende Non-Profit-Organisation mit einer Kinderkommission. Sie ist eine Vereinigung von bewussten Genießern und mündigen Konsumenten, die die Kultur des Essens und Trinkens pflegen und lebendig halten. Die Organisation fördert eine verantwortliche Landwirtschaft und Fischerei, eine artgerechte Viehzucht, das traditionelle Lebensmittelhandwerk und die Bewahrung der regionalen Geschmacksvielfalt bringt Produzenten, Händler und Verbraucher in Kontakt; vermittelt Wissen über Qualität von Nahrungsmitteln und macht den Ernährungsmarkt transparent.[30] Die Kinderkommission von Slow Food® versteht sich als Ansprechpartner für Kitas und Grundschulen. Für Kinder wurde ein Training der Sinne entwickelt und ein „Genuss-Pass“. Auch bei der Anleitung von „Ess-Gärten“ gibt es Anregung und Unterstützung.[31]

Es ist nicht leicht geworden, das Besondere im Kleinen wahrzunehmen und sich gegen Verführungen zu stellen. Es klingt auch sehr nach Spaßbremse, wenn wir Geduld predigen wollten. Aber predigen ist sicher nicht das pädagogische Mittel der Wahl. Gehen wir es anders an: Wer im Herbst mit Kindern durch den Wald geht und ihnen Zeit gibt, Eicheln aufzuheben, Buchecker zu knacken und zu kauen, blanke Kastanien zu streicheln und die Wange an raue Baumrinden zu lehnen, der sieht, dass die Faszination für das Schlichte nicht verloren geht.

Aufgeschnappt

„Sag mal, Mama, wann machst du denn endlich den Herbstteller? Ich hab' mal ein paar Kastanien mitgebracht … Und hier hast du noch ein paar bunte Blätter, ich glaube Buche oder so … “

Die 13-jährige Paula Mitte Oktober zu ihrer sichtlich überraschten Mutter, die bei der Pubertierenden mit diesem Interesse an der langjährigen Tradition gar nicht mehr gerechnet hatte.

Regeln, Grenzen, Rituale

Werte sind ethische Prinzipien, die sich verallgemeinern lassen. Man könnte auch sagen, sie sind allgemeingültige Maximen der Lebensführung. Es handelt sich dabei um Ideen dazu, wie wir mit uns selbst und mit anderen Menschen und Dingen umgehen wollen. Der Begriff „Wert" enthält auch, dass es hier um etwas geht, was das Individuum für sein Leben und „das Leben" allgemein positiv bewertet, z. B. „Gerechtigkeit". Alle Orientierung gebenden, bedeutsamen „Werte" werden emotional als positiv empfunden. Diese positive emotionale Belegung erklärt auch die stark motivierende Wirkung von Werten. Wenn ich mich z. B. an die Gerechtigkeit gebunden fühle, dann möchte ich mich in meinen Handlungen auch als fairen Menschen wahrnehmen. In meinem Selbstverständnis habe ich dann den Anspruch, ein fairer Mensch zu sein. Der Wert „Gerechtigkeit" bestimmt so sehr häufig mein Verhalten und wird dadurch zu einem Teil meiner Identität.

Einsicht statt Folgsamkeit

Das Erleben von Werten, die allgemeingültig sind, erfolgt dort, wo viele Menschen miteinander zu tun haben, häufig über Regeln, Grenzen und Rituale. Während aber für frühere Generationen die unumstößliche Regelbefolgung leitend war, um „richtig" zu leben, prüfen Menschen heute, ob die Befolgung einer Regel in dieser konkreten Situation ihren Sinn auch erfüllt. Hier kommt der Einzelne für die vorhersagbaren Folgen seines Handelns auf. Es gibt sozusagen keinen Urheber feststehender Gebote und Regeln, dem das Individuum zu folgen hat. Für den modernen Menschen bedeutet dies, dass er sehr viel häufiger der Anforderung von – auch moralischen – Entscheidungsprozessen ausgesetzt ist, die er selbst zu verantworten hat. Gleichzeitig festigt diese Eigenständigkeit, sich durch Einsicht und Überzeugung an Werten zu orientieren, die Wertebindung.

Aufgeschnappt

Es ist die Zeit kurz vor Ostern. In der katholischen Kita sprechen die Kinder darüber, woran man erkennt, ob jemand an Gott glaubt oder nicht.
„Räuber und Jugendliche glauben nicht an Gott. Wer anderen etwas wegnimmt oder Müll auf die Straße wirft, kann ja nicht an Gott glauben."

Vanessa (5 Jahre)

Wie kann der Einzelne eine solche Haltung entwickeln? Auf der Suche nach der Antwort kommen sowohl der Einzelne als auch offiziell

Kinder schätzen den Wert von Regeln und zeigen dies auf ihre Art

fragende Institutionen schnell mitten im Alltag an. Kinder brauchen ein solides Fundament von verbindlichen Regeln, um sich zu eigenständigen und gemeinschaftsfähigen Persönlichkeiten entwickeln zu können. Sie müssen lernen und erfahren, welchen Stellenwert Rücksicht, Fairness und Gerechtigkeit in unserer Gesellschaft haben und wie das aussieht, das rücksichtsvolle, faire und gerechte Handeln. Sich Zanken und Versöhnen, Rücksicht zeigen, Nachgeben, Teilen, Verantwortung übernehmen – all das lernen Kinder zunächst in der Familie, dann in der Kindertagesstätte und Grundschule. Sie lernen es, wenn Erzieherinnen und Lehrerinnen nicht müde werden, etwas vorzumachen, zu etwas anzuleiten, auf etwas hinzuweisen. Wenn etwa ein Kind ein anderes geschubst oder ihm etwas weggenommen hat, wird es angehalten, sich zu entschuldigen. In manchen Kitas muss es z. B. sagen: „Ich entschuldige mich bei dir." und dem anderen die Hand hinhalten. Um eine Entschuldigung anzunehmen, ergreift das andere Kind die Hand und sagt: „Ich nehme deine Entschuldigung an." – „Jetzt ist der Streit beendet. Ihr habt euch vertragen", kommentiert dann die Erzieherin.

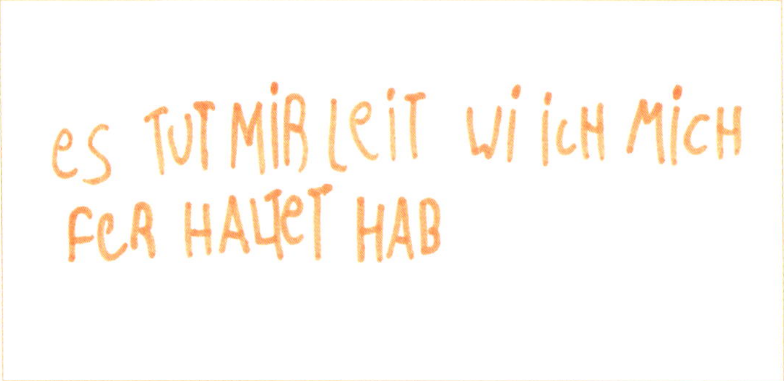

Wer könnte einer solchen Entschuldigung widerstehen?

Werte „auf dem Frühstückstisch"

Ob und was morgens gefrühstückt wird, ob sich jeder selbst ein Brot oder Müsli macht und für sich isst, oder ob sich die Familie am Frühstückstisch trifft – jede Familie handhabt das, was früher einmal ein selbstverständliches Ritual war, anders. Das Thema „Gemeinsames Frühstück, ja oder nein?" ist in vielen Familien zum strittigen Thema geworden, bei dem sowohl Eltern mit sich und miteinander als auch mit den Kindern ringen. *Dazu drei Beispiele*:

- Mutter Claudia kommt nur schwer damit zurecht, dass Vater Markus nicht einsehen will, für ein gemeinsames Frühstück früher aufzustehen, weil er morgens sowieso keinen Hunger hat. Tochter Klara möchte sich in Ruhe im Bad fertig machen und sprintet dann zur Schule. Ihr Argument: „Papa steht ja auch nicht auf." Die Zwillinge Lorenz und Katharina frühstücken lieber in der Kita und verschlingen nur der Mutter zuliebe noch schnell ihr Müsli. Claudia ist es aber aus ihrer Kindheit gewohnt, dass gemeinsam gefrühstückt wird. Sie findet es für den gemeinsamen Start als Familie in den Tag wichtig. Außerdem weiß sie, wie wichtig ein gutes Frühstück für die Leistungsfähigkeit von Kindern ist. Meistens sitzt die Mutter deshalb später mit einem schlechten Gewissen im Auto auf dem Weg zu ihrer Arbeit und ärgert sich zudem über ihren Mann, der einer guten Sache wegen nicht auf seine Bequemlichkeit verzichten will. Ihre eigene Mutter schüttelt darüber nur den Kopf: „So eine Diskutiererei gab es bei uns früher nicht. Um 7 Uhr wurde gefrühstückt, Punkt!"
- Diesen Stress hat die alleinerziehende Jutta nicht. Weil sie Vollzeit berufstätig ist, sind das gemeinsame Frühstück und Abendbrot „heilige Zeiten". Bisher kamen der 10-jähri-

Gemeinsames Frühstück in der Klasse

In vielen Klassen wird vor der Pause gemeinsam gefrühstückt. Dies hat u.a. den Vorteil, dass die Lehrkraft sieht, ob alle Kinder etwas Gesundes in der Pause essen. Kinder, die nicht essen wollen, kann sie dann ermuntern, auch einen Pausen-Snack zu sich zu nehmen. Wer nichts dabei hat, bekommt von anderen etwas ab. Bei einem Frühstücksbuffet sollte die Lehrkraft sich zuvor gut über mögliche Allergien erkundigt haben.
Dazu ein Beispiel aus einer Grundschule in Brandenburg: Zu Beginn der Frühstückszeit spielt die Lehrkraft eine Musik ab, die den Kindern signalisiert, dass diese nun beginnt. Dann decken sie ihre Tische und stellen die Brotdose sowie die Trinkflasche zurecht. Gemeinsam wünschen sich alle Kinder „Guten Appetit!", auch in mehreren Sprachen. Während des Frühstücks wird vorgelesen. Manche Kinder möchten sich aber gern in Ruhe unterhalten. Sie dürfen deshalb abstimmen, an welchen Tagen in der Woche sie sich unterhalten möchten – und wann vorgelesen werden soll. Montags ist z.B. ein beliebter „Unterhaltungstag", weil sich die Kinder erzählen möchten, wie das Wochenende war. Die Lehrkraft hält dies schriftlich fest, sodass keine Diskussionen entstehen, in welcher Form die Frühstückspause verbracht wird.

ge Lukas und sein drei Jahre älterer Bruder Ben noch nicht auf die Idee, dagegen aufzubegehren. Nur am Wochenende darf jeder sich sein Frühstück machen, wann er möchte.

- Bei Familie Müller war ein gemeinsames Frühstück noch nie ein Thema. Vater Dirk arbeitet als Busfahrer im Schichtdienst. Ganz ungeregelt frühstückt er manchmal, manchmal schläft er noch oder er ist bereits im Dienst. Mutter Andrea ist Tagesmutter und frühstückt sozusagen durchgehend von 7 Uhr bis 9 Uhr mit jedem ihrer fünf Tageskinder, das gerade zu ihr kommt. Die beiden eigenen Töchter sind das morgendliche Gewusel gewohnt und setzen sich entweder dazu oder machen sich mit einem Brot in der Hand auf den Weg zu Schule.

Kinder sind gern kreativ, auch beim Gestalten mit Lebensmitteln

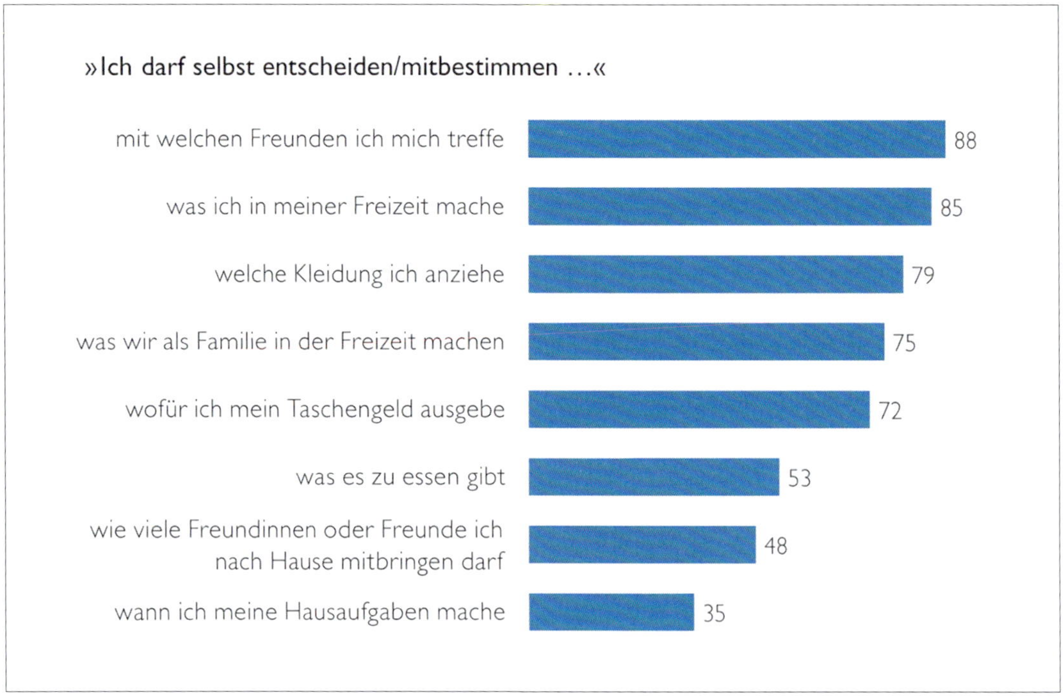

Kinder lernen heute in ihren Familien, dass ihre Wünsche einen eigenen Wert haben, den viele Eltern respektieren und berücksichtigen

Dass das Thema Frühstück und gesunde Ernährung einerseits wichtig ist, andererseits von Familien ganz unterschiedlich gehandhabt und bewertet wird, hat bundesweit dazu geführt, dass sich Kitas und Schulen überlegt haben, wie sie das gemeinsame Essen ritualisieren und weniger abhängig von den Ressourcen der Eltern machen können.

Ein neuer Blick auf das Kind

„Gemeinsames Frühstück", „Benehmen am Tisch", „Medienkonsum" oder „Hausaufgaben" sind in vielen Familien thematische Dauerbrenner, die immer wieder Anlass für Diskussionen geben. Dass Eltern gemeinsam ein Machtwort sprechen und die Regeln für das eine oder andere vorgeben, ist selten geworden. Woran liegt das? Mehr oder weniger schleichend hat sich in der zweiten Hälfte des 20. Jahrhunderts das Familienleben entscheidend verändert, und zwar vom „Befehlshaushalt" zum „Verhandlungshaushalt", wie die Soziologen diese Entwicklung bezeichnen.

Damit änderte sich der Blick auf das Kind: Eltern möchten kein angepasstes Kind, das sich unterordnet. Angestrebt wird vielmehr ein selbstständiges und selbstbewusstes Kind, eine selbstständige, veränderungsfähige Persönlichkeit. Im Gegensatz zu den 60er-Jahren werden Kinder heute als eigene Subjekte anerkannt, die mit den Eltern ihre Interessen und Wünsche aushandeln dürfen.

Das bietet Kindern große Entwicklungschancen, zieht aber ebenso die Gefahr der Überforderung nach sich. „Was Kindern heute fehlt ist die Freiheit von Ansprüchen", mahnt Christine Henry-Huthmacher von der Konrad-Adenauer-Stiftung.[32] Welche Ansprüche Kinder spüren, die mit der Erziehung zur Selbstständigkeit und Eigenverantwortung vor allem in sog. bildungsnahen Elternhäusern aufwachsen, macht die World Vision-Kinderstudie (2013; Befragung von Sechs- bis Elfjährigen in Deutschland) sichtbar. In dieser Studie, aber auch in vergleichbaren deutschen Untersuchungen wie etwa dem UNICEF-Bericht oder internationalen Befragungen, wird mit dem Konzept des Wohlbefindens von Kindern gearbeitet. Blickt man insgesamt auf das Wohlbefinden von Kindern in dieser Altersgruppe, so fällt auf, dass sie sich zwar Möglichkeiten der Mit- und Selbstbestimmung wünschen, aber zugleich von den Erwachsenen erwarten, dass diese sie vor Überforderung schützen und fürsorglich sind. „Beteiligt und auch in die Verantwortung genommen zu werden, wenn sie die Tragweite einer Entscheidung nicht einschätzen können, entspricht nicht den Bedürfnissen von Kindern"[33], schreibt die Kindheitsforscherin Sabine Andresen, die zusammen mit Klaus Hurrelmann die Kindheitsstudie inhaltlich verantwortet. Sie führt weiter aus, was Kinder unter Freiheit verstehen: „Die sechs- bis achtjährigen Kinder verbinden damit die von den Eltern gewährte Möglichkeit, draußen spielen zu können, auch ohne Aufsicht, mit Freunden beispielsweise ein Eis essen zu gehen, (…) und selbst bestimmen zu können, wer mein Freund ist und mit wem ich spielen möchte. Die älteren Kinder verstehen unter dem Begriff der Freiheit die Möglichkeit, selbst über die Freizeit und den Umfang des Medienkonsums zu bestimmen, über einen Internetzugang zu verfügen und auch entscheiden zu können, ob sie bei Freundinnen oder Freunden übernachten. All diese von den Kindern genannten Punkte – vor allem der Medienkonsum – gehören zu den Verhandlungsthemen im familiären Alltag."[34]

Erzieherinnen und Erzieher, Lehrerinnen und Lehrer haben es demnach in Kita und Grundschule mit verhandlungserprobten, nach Autonomie strebenden kleinen Persönlichkeiten zu tun, die aber auch Fürsorge und Begrenzung erwarten, die vor Überforderung schützt – ein Spagat für alle Beteiligten. Zum Glück gibt es dort, wo viele kleine und große Menschen miteinander auskommen müssen, dennoch Regeln. Regeln, Grenzen und Rituale schaffen Strukturen und dadurch Sicherheit und Geborgenheit. Sie kommunizieren die Eckpfeiler des Zusammenlebens klar und verständlich. Wer für Werteerziehung sensibilisiert ist, schätzt das Aushandeln von Regeln, Grenzen und Ritualen richtig ein und weiß um seine große Vorbildfunktion und Verantwortung.

Rituale: verlässlich und wertvoll

Soviel zu den Regeln. Worin liegt aber der Unterschied zu Ritualen? (s. auch EXKURS 1, **S. 29 ff.**) Die Grenzen hier sind häufig fließend, aber allgemein kann man festhalten, dass der Ablauf eines Rituals durch Verhaltensregeln festgelegt wird. *Dazu ein Beispiel*: Der Sitz- oder Stuhlkreis am Morgen ist ein Ritual. Für die Durchführung dieses Rituals gibt es Regeln, z. B. diese:

- 1. Regel: Wir begrüßen uns zu Beginn der ersten Stunde im Sitz- und / oder Stuhlkreis.

Grenzen und Regeln von Elternhaus und Kita bzw. Grundschule

Susanne Meier macht sich Gedanken. Ihre Tochter Mina, 3, wird bald die Kita besuchen. Dort gelten bestimmt andere Regeln als im Elternhaus. Wie wird Mina damit umgehen? Und auch Pauls Eltern machen sich Sorgen darum, ob ihr Sohn die Regeln in der Grundschule, in die er bald gehen wird, akzeptieren wird. Wie gestaltet sich der Dialog zwischen besorgten Eltern und pädagogischen Fach- sowie Lehrkräften hinsichtlich der Regeln von Elternhaus und Einrichtung?

Grundsätzlich gilt: Kinder können Regeln von Elternhaus, Kita und Grundschule sehr gut unterscheiden und sich den jeweiligen Codes gut anpassen. So, wie es für die meisten Kinder kein Problem ist, die Regeln in anderen Familien zu akzeptieren, nehmen sie die in der Einrichtung geltenden Regeln zumeist problemlos an. Unerlässlich ist, dass sowohl das Personal als auch Eltern und Kinder diese Regeln kennen. Sie sollten im Rahmen eines Elternabends oder beim Aufnahmegespräch transparent gemacht werden. Verdeutlichen Sie dabei, dass es hierbei sowohl um die Fürsorge für jedes einzelne Kind innerhalb der Gemeinschaft geht als auch um wohldurchdacht eingesetzte Regeln für die Gemeinschaft; innerhalb der Gruppe ebenso wie in der Gemeinschaft der Einrichtung. Sind die Regeln erläutert, sollten Eltern diese akzeptieren und ihre Kinder anleiten, sich an diese zu halten. Mancherorts existieren Verträge, die die Einrichtungen mit Eltern hinsichtlich der geltenden Regeln abschließen. So sind alle Beteiligten sicher, dass es keinerlei Unstimmigkeiten und Unklarheiten über Regeln innerhalb der Institution gibt.

Den Kindern werden die Regeln innerhalb der Einrichtung ebenso transparent gemacht. Innerhalb der Kindergruppe oder Klassengemeinschaft entwickeln sich Regeln am besten im Dialog: Hierbei tauschen sich die Kinder zunächst einzeln, später zu zweit und in einer kleinen Gruppe darüber aus, welche Regeln ihnen wichtig sind. Diese halten sie dann auf einem Plakat entweder symbolisch oder auch schriftlich fest. Die Regeln der Gruppe werden von allen Kindern unterschrieben und an einem gut sichtbaren Platz im Raum aufgehängt. In diesem Zusammenhang sollte auch besprochen werden, welche Konsequenzen beim Übertreten der Regeln in Kraft treten. Pädagogische Fachkräfte und Lehrkräfte dürfen bei einem möglichen Übertreten nicht über die zuvor verbindlich vereinbarten Folgen verhandeln. Nur dann bleiben die Regeln einer Gruppe authentisch und werden eingehalten.

- 2. Regel: Wenn wir im Sitz- und/oder Stuhlkreis sitzen, kommt jedes Kind dran und darf in Ruhe aussprechen und wird dabei nicht unterbrochen.
- 3. Regel: Wir beenden den Sitz- und/oder Stuhlkreis gemeinsam mit einem Lied.

Der Begriff „Ritual" stammt von dem lateinischen Begriff „ritualis", das heißt so viel wie „den Ritus betreffend". Rituale sind Handlungen, die nach vorgegebenen Regeln durchgeführt und regelmäßig wiederholt werden. Oftmals haben sie symbolischen Charakter. Man findet sie häufig innerhalb der Religionen, in kirchlichen Einrichtungen und auch in der Gesellschaft, etwa, wenn Geburtstage gefeiert werden, bei Begrüßungs-Situationen etc. Rituale sind in Familie, Kita und Grundschule beson-

Transparenz und Übersichtlichkeit, wie sie der Eingangsbereich der St.-Ursula-Schule in Lüneburg zeigt, erleichtern Kindern das Einhalten von Ordnung

ders wertvoll, denn sie bieten den Kindern Verlässlichkeit und eine feste Tagesstruktur. So wie beim gemeinsamen Essen in der Familie oder bei der Gute-Nacht-Geschichte wissen die Kinder ganz genau, auf welche Rituale sie tagtäglich im Kindergarten- oder Schulalltag treffen. An mancher Stelle dienen diese festen Bräuche, um Übergänge zu gestalten. So etwa, wenn die Phase des Ankommens in die der gemeinsamen Aktivitäten mündet, wenn es von der „Drinnenaktivität" nach draußen oder wenn es von der Schulstunde in die Pause geht.

Darüber hinaus stiften Rituale im Kontext von Kindergarten und Grundschule Gemeinschaft. So hat jede Kindergruppe und jede Grundschulklasse ihre ganz eigenen Brauchtümer, die sie Tag für Tag oder aber wöchentlich wiederholt. Rituale stehen also ganz automatisch für die Werte, für die die Gemeinschaft einsteht. Das kann sich z. B. darin zeigen, dass sich gezielt gesammelt wird und Achtsamkeit geübt wird. In manchen Kitas z. B. treffen sich in der Adventszeit Eltern, Kinder und Fachkräfte in einem abgedunkelten Raum bei Kerzenschein, um gemeinsam mit einer besinnlichen Vorlesegeschichte und einem Lied in den Tag zu starten. Es gibt Grundschulen, da versammeln sich Freitagmorgens mit Schulbeginn alle Kinder und Lehrkräfte, um gemeinsam zu singen.

Beispiele für Rituale in Kindergarten und Grundschule

Erzähl-Bär, Erzähl-Stein und Co.

Achtung, nun wird erzählt – und nur der bzw. die, die den Erzähl-Bären in der Hand hält, ist dran. Alle anderen hören gut zu und stellen nach einer vorgegebenen Struktur Fragen zum Erzählten. Möchte ein Kind selbst erzählen, so entscheidet das Kind, das gerade dran war, wem es den Erzähl-Bären weitergibt. Hat ein Kind eine Frage oder Anmerkung zum Gesagten, so meldet es sich mit zwei Händen und gibt so das Signal, dass es sich zum Erzählten meldet. Welches Symbol eingeführt wird – dazu gibt es ganz unterschiedliche Ideen. In mancher Kita / Schule ist es ein Bär, eine Puppe, ein Stofftier oder ein kleiner Ball.

Aufräum-Lied

Mit Gesang geht alles leichter, besonders das Aufräumen. Suchen Sie ein Lied aus, das immer in der Phase des Aufräumens abgespielt wird. Zunächst wird es leise eingeblendet – und schlussendlich zum Mitschmettern lauter gestellt. Das Aufräum-Lied hat den Vorteil, dass jedes Kind seine Arbeit oder sein Spiel beenden kann, im eigenen Takt aufräumen kann und gleichsam durch die bekannte Länge des Liedes weiß, wann es fertig sein sollte.

Bilder-Reflektion

Um einen Tag in der Kindertagesstätte oder in der Grundschule ausklingen zu lassen, eignet sich in besonderer Weise die Bilder-Reflektion. Sammeln Sie beizeiten Bilder oder besondere Postkarten, die in der Lage sind, Stimmungen aufzugreifen. So etwa eine strahlende Sonne, eine schöne Blume, einen Weg oder ein kletterndes Eichhörnchen. Legen Sie die Bilder in die Kreismitte und setzen Sie den Impuls, indem Sie eine Karte greifen, die Ihre Stimmung widerspiegelt: „Mein Tag heute war wie die neugierige, kleine Maus. Ich habe viel beobachtet und viel von euch gelernt." Die Kinder greifen reihum eine Postkarte oder ein Bild, auf dem ihre Stimmung ausgedrückt wird. Wer möchte, sagt einen kurzen Satz dazu.

Tagebuch anlegen

Am Ende einer Woche notieren (schreiben oder malen) Kindergarten- und Grundschulkinder in einem eigens dafür vorgesehenen Tagebuch (für jedes Kind oder eines für die ganze Gruppe), wie ihre Woche in Kita oder Schule verlief. Sie malen und schreiben, was besonders war, was ihnen gut gefallen hat und was nicht so gut.

Sprachrohr

In der Kita und in der Grundschule können einzelne Kinder zum Sprachrohr werden, indem sie das mit eigenen Worten wiederholen, was die Lehrkraft oder pädagogische Fachkraft zuvor erklärt hat. Das Ziel ist, dass alle Kinder der Gruppe nachvollziehen, was zuvor gesagt oder erklärt wurde. Dies gelingt ihnen häufig leichter, wenn Gleichaltrige mit ihren eigenen Worten einen Gedanken oder Zusammenhang, eine Erläuterung oder eine Anweisung nacherzählen.

Klassen-Briefkasten

Ein Klassen-Briefkasten wird für die „Geschäfte" einer Lerngruppe genutzt. Bevor dieser etabliert wird, tauschen sich die Kinder darüber aus, wofür der Briefkasten verwendet werden soll. Nimmt er nur Beschwerden an? Oder darf man auch Briefe an andere Kinder einwerfen? Welche Themen sind dafür geeignet? Wie ist die „Etikette" für Beiträge im Klassen-Briefkasten? Sobald das geklärt ist, wird der Briefkasten gut sichtbar im Klassenraum aufgestellt. Kinder geben nur Material hinein, wie es abgesprochen ist. Zu einem festen Termin innerhalb der Woche wird der Briefkasten geleert – und die Themen, die die Kinder beschäftigen, werden im Rahmen einer Verfügungsstunde behandelt.

Vorlese-Paten

Ein gemeinsames Ritual von Grundschule und Kindergarten kann es sein, dass sich sog. „Vorlese-Patenschaften" gründen. So kommen Kinder aus der Grundschule an bestimmten Tagen, z. B. jeden ersten Montag im Monat um 10.00 Uhr, in die Kita, um ein Bilderbuch vorzulesen. Sie lesen vor allem den Kindern vor, die zum neuen ersten Schuljahr eingeschult werden. Die besondere Chance hierbei ist, dass alle Kinder Vorlese-Pate werden können. Denn es kommt nicht nur auf die Lese-Leistung an, sondern auch auf die soziale Fähigkeit, mit anderen Kindern umzugehen und auf diese zuzugehen. Gleichzeitig fühlen sich Erstklässler endlich wieder einmal „groß", weil sie schon Lesen lernen und den Kita-Kindern vorlesen können. Die Kita-Kinder wiederum sehen nicht nur, dass Konrad, der vergangenes Jahr noch ein „Kita-Kumpel" war, plötzlich lesen kann. Sie werden auch in ihrer eigenen Motivation bestärkt, Lesen lernen zu wollen.

Rituale können aber, je nachdem, wie sie gestaltet sind, auch ein Zeichen dafür sein, dass alle Kinder sich verbindlich dazu bekennen, in einer geordneten Lernumgebung leben und lernen zu wollen. Die Strukturen, die durch Rituale im Alltag geschaffen werden, stehen ganz von selbst für eine Verlässlichkeit und Geborgenheit, die die einzelnen Gruppen und die gesamte Einrichtung zusammenschweißt. So leben und lernen alle unter einem Dach – in guten und in schlechten Tagen.

Zu den Ritualen innerhalb der Kita und Grundschule gehören eine besondere Gesprächskultur sowie Feste und Feierlichkeiten, die in regelmäßigen Abständen stattfinden. Das können etwa Weihnachtsfeiern sein oder auch Spielnachmittage, die innerhalb der Klassengemeinschaft verbracht werden. Um Eltern einzubinden, bieten viele Kitas Eltern-Kind-Nachmittage an. Damit zollen sie der modernen Familie Tribut, in der es häufig schwierig zu organisieren ist, zum Elternabend zu kommen. In lockerer Atmosphäre kommen Eltern, Kinder und pädagogische Fachkräfte in der Einrichtung zusammen. Hier wird gemeinsam Kaffee getrunken und gespielt. Es bietet sich so informell die Gelegenheit, ins Gespräch zu kommen.

Überlegen Sie gezielt im Team, welche Rituale innerhalb Ihrer Einrichtung bereits existieren (s. auch Vorschläge im **Kasten** „FÜR DIE PRAXIS", **S. 80 f.**). Sind es Rituale, die Strukturen vermitteln? Leiten sie Übergänge ein? Oder dienen sie dazu, Gemeinschaft entstehen zu lassen und diese zu festigen? Was ist besonders an Ihren Ritualen? Und wo knüpfen Kita und Grundschule aneinander an? An welcher Stelle ergeben sich Schnittstellen mit den Elternhäusern der Kinder? Notieren Sie Ihre spontanen Einfälle und kommen Sie mit Ihren Kolleginnen und Kollegen ins Gespräch.

Leistungsbereitschaft und keine Angst vor Fehlern

Ich kann nichts dafür, dass meine Bilder sich nicht verkaufen lassen. Aber es wird die Zeit kommen, da die Menschen erkennen, dass sie mehr wert sind als das Geld für die Farbe. *Vincent van Gogh*

Im Handbuch „Gute Schule" reflektiert der bekannte Bildungsforscher Manfred Prenzel, was davon zu halten ist, wenn sich die messbaren Leistungen der deutschen Schülerinnen und Schüler in Mathematik verbessert haben, das Interesse und die Freude an dem Unterrichtsfach Mathe aber nachgelassen haben. Und was sagt es, so fragt er, über das Selbstkonzept und die Selbstwirksamkeitsüberzeugungen von Mädchen aus, wenn sie sich – obwohl messbar auf dem gleichen Leistungsniveau wie die Jungen – in Mathe weniger zutrauen? Wurden dann die Bildungsziele erreicht? Eine eindeutige Antwort gibt der Wissenschaftler zwar nicht, aber er gibt zu bedenken: Die Entwicklung von Leistungsbereitschaft kann „nicht losgelöst werden von der Entwicklung der Persönlichkeit, ihren Zielen und Wertvorstellungen"[35].

Diese Leistungsbereitschaft ist von Anfang an da. Sie anzuregen und nicht verkümmern zu lassen, ist die große Aufgabe der Erwachsenen, die das Kind in seinem Aufwachsen begleiten. Leistungsbereitschaft wird schon sehr früh zu einem Persönlichkeitsmerkmal, das Kinder in ihrer soziokulturellen Umwelt erlernen. Die Grundlagen werden in den ersten Lebensjahren gelegt, weshalb diese Eigenschaft relativ stabil bleibt. Es gibt eine Vielzahl von Studien dazu, was gute Schülerinnen und Schüler auszeichnet, wie sie lernen, was sie interessiert.

Wenn Kinder sich etwas zutrauen, wachsen sie über sich hinaus

Auf den Punkt gebracht, lauten alle Ergebnisse: Wichtiger als das Einpauken eines Lernstoffs, ist die innere Haltung der Mädchen und Jungen zu Lernen und Leistung. Kinder, die positiv denken und selbstsicher an neue Aufgaben herangehen, lernen besser als andere. Sie gehen unbekümmerter und optimistischer an neue Herausforderungen heran und entwickeln ihren eigenen Ehrgeiz und eigene Interessen.

Ich bin klasse, so wie ich bin!

Text: Susanne Brandt, Musik: Reinhard Horn

MM ♩ = 116

Die „Flamme der Begeisterung“ beflügelt

Diese Haltung entwickelt sich bei jedem Kind als Antwort auf die Erlebnisse, Erfahrungen und Gefühle, die es immer dann macht, wenn es etwas ausprobiert, beobachtet, nachmacht. Deshalb ist Freude am Lernen und am Erbringen von Leistung, die jedes Kind mitbringt, abhängig von positiven sozialen Erfahrungen. Man kann es nicht oft genug betonen, aber die „Flamme der Begeisterung“ für Lernen und Leistung flackert und brennt, wenn sie von Anfang an genährt und aufmerksam beschützt wird.

Die Philosophin Katharina Ceming, Mit-Autorin des Buches „Denken macht glücklich“, sagte einmal im Hessischen Rundfunk: „Ich glaube, ein ganz entscheidender Punkt ist wirkliche echte Begeisterung, dass ich aus mir heraus für etwas brenne, was mir wertvoll ist. Und ich glaub', jeder Mensch hat irgendetwas im Leben, wo er merkt, das versetzt mich in Begeisterung. Das gelingt, glaube ich, nur, wenn wir das finden, was uns wirklich angeht. Und das immer wieder in den Blick zu nehmen und sich bewusst zu machen und das auch zu kultivieren, das hält dann auch diese Flamme der Begeisterung am Leben, die natürlich nicht zu allen Zeiten gleichermaßen hochschlagen kann (...).“ Katharina Ceming geht es in ihrem Buch um die Zutaten zu einem geglückten Leben. Das Wort „Glück“, das seit einigen Jahren viel Aufmerksamkeit bekommen hat – etwa durch die Bestseller „Wo geht's denn hier zum Glück“ von Maike van den Boom, oder Eckart von Hirschhausens Buch „Glück kommt selten allein ...“ – lenkt unsere Aufmerksamkeit noch einmal unter einem anderen Fokus auf die Lust an Lernen und Leistung. Auch die moderne Hirnforschung mit ihren bildgebenden Verfahren hat sich mit Glück bzw. mit dem Glücksempfinden[36] befasst und entdeckt, dass die beiden wichtigsten Neurotransmitter im Zusammenhang mit Glücksempfinden Serotonin und Dopamin sind, auch „Glückshormone“ genannt. Interessant ist, dass diese Stoffe sowohl durch Nahrung, Bewegung und Licht beeinflusst werden können als auch durch geistige Prozesse entstehen. Bekannt ist etwa, dass Bewegung und Sport, Schokolade oder Sonnenlicht, aber auch intensive geistige Beschäftigung, wie erfülltes Lernen, Möglichkeiten sind, Stimmungen zu verbessern oder gar Hochgefühle zu erzeugen.

Die Menschen müssen leiden, um stark zu werden, dachte ich. Jetzt denke ich, sie müssen Freude haben, um gut zu werden. *Wilhelm von Humboldt*

Die Herkunft des Begriffs „Glück“ führen Sprachwissenschaftler auf die aus dem 12. Jahrhundert stammenden Worte „Gelucke“ im Mittelniederdeutschen und „Gelücke“ im Mittelhochdeutschen zurück. Beide Worte kommen vom Verb „gelingen“, das sich wiederum vom Wort „leicht“ ableitet. Glück ist demnach ursprünglich das Gelungene, das leicht Erreichte. Und jetzt ist der Übergang zur Praxis in Kita und Schule nur noch ein Katzensprung: Der Wert dessen, was Kindern leicht gelingt, was sie beflügelt und begeistert, darf, ja muss, hoch geschätzt werden. Aus dem, was leicht gelingt, erhalten Kinder die Nahrung, die sie brauchen, um sich etwas zuzutrauen. Gelingendes ist immer ein Verstärker und Motivator. Was gelingt, stärkt das Kind; der Misserfolg ist es nicht. Es sind vor allem anderen – vor Lob, Kritik oder Tadel – die Selbstbewertungsaffekte (Freude und Stolz) über die eigenen Fähigkeiten und Erfolge, die die entscheidenden Anreize für das weitere Leistungsverhalten geben. Und manche Kinder brauchen die Bestä-

Fremde Sprachen lernen: so oder so

Ein wunderbares Beispiel für unterschiedliches kindliches Lernverhalten bietet sich immer wieder im Rahmen des fremdsprachlichen Lernens. Kindergarten- und Grundschulkinder lernen die fremde Sprache nach dem Prinzip des Immersionslernens. Dabei kommen sie entweder durch eine feste Bezugsperson in der Kita oder durch die Lehrkraft in der Grundschule permanent in den Kontakt mit der fremden Sprache. Einige Kinder hören erst zu und sprechen dann, ohne Sprechhemmung, nach. Andere Kinder verharren zunächst in der sog. „silent period". Sie hören erst einmal zu und äußern sich selbst nur sehr zögerlich oder gar nicht in der fremden Sprache. Dies ist für viele Eltern verwirrend und sie machen sich Sorgen, dass ihr Kind der anderen Sprache nicht gewachsen ist. Doch gilt es, abzuwarten und dem Kind den nötigen Raum und die nötige Zeit für den Fremdspracherwerb zu geben.
Genau dieses Phänomen der „silent period" begegnet Kita-Personal und Lehrkräften bei zugewanderten Kindern. Besuchen diese Kinder nicht eigens eingerichtete, sog. Sprachlernklassen, so zeigen sie ganz unterschiedliche Strategien, die für sie neue Sprache zu erwerben. Einige von ihnen äußern sich und gehen das Risiko von „Fehlern" bewusst ein, um daraus zu lernen. Andere wiederum sind, oft auch über längere Zeiträume hinweg, still und folgen dem Unterricht somit eher passiv. Bieten Sie ihnen von Zeit zu Zeit Sprechanlässe an, etwa wenn es um das Kolorieren von Bildern geht (Farben) oder um das Errechnen einfacher Aufgaben. Aber: Drängen Sie die Kinder nicht, sprachlich zu interagieren. Sie werden von ganz allein zu dem Zeitpunkt sprechen, an dem sie bereit dafür sind. Wenn Sie sich mit dem Kind sprachlich auseinandersetzen, sehen Sie, wie weit der passive Wortschatz bereits gediehen ist.
In meinem Unterricht (A. v. P.) habe ich meinen Zweitklässlerinnen und Zweitklässlern ein englischsprachiges Bilderbuch vorgelesen, als zugewanderte Kinder erstmals in die Klassen unserer Schule kamen. Die Kinder fragten nach den Sprachen der neuen Kinder. Die Erfahrung, ein Buch in einer Sprache zu hören, die sie nicht verstehen, war eine besondere. „So ist das also für Ayla", sagte ein Mädchen. Dass die Bilder eine große Hilfe beim Verstehen waren, reflektierten die Kinder sehr schnell. Sie entwickelten großen Respekt vor dem Spracherwerb der zugewanderten Kinder und traten ganz automatisch in den Dialog über Sprache und folglich auch über fremde Kulturen.

tigung, dass ihnen etwas leicht gelingt, ganz, ganz oft, bevor sie sich an eine andere Herausforderung wagen, anderen reicht die einmalige Erfahrung, bevor sie sich schon zu langweilen beginnen und auf die Suche nach schwereren Aufgaben gehen. „Fehler" zu machen, gehört in diesen Prozess unabdingbar hinein. Fehler sind lediglich ein Korrektiv, nicht mehr und nicht weniger. Und nicht selten entsteht erst aus einem Fehler die Einsicht in einen Zusammenhang oder gar eine zündende Idee. Schon Dietrich Bonhoeffer sagte: „Den größten Fehler, den man im Leben machen kann, ist, immer Angst zu haben, einen Fehler zu machen."

Aufgeschnappt

Religionsunterricht in der 4. Klasse, Thema „Religionen und Gebetsstätten“. Lehrerin: „Dein Bild von dem Dom gefällt mir gut, Leo. Die Fenster sind so schön bunt. Aber warum hängen hier drei Schiffchen von der Decke?“ Leo: „In der Geschichte stand: Der Dom hat drei Schiffe, ein Hauptschiff und zwei Seitenschiffe.“

Sicher gebundene Kinder spielen konzentriert und kooperieren gern

Vertrauen, Zutrauen, Ermutigung und Wertschätzung sind also die Eckpfeiler einer Lernkultur, die Kinder von Anfang an die Eigenschaften entwickeln lassen, die unerlässlich und hilfreich sind, um auf ihre zukünftigen Aufgaben, die wir alle noch nicht kennen, gut vorbereitet zu sein. Diese Eigenschaften, die vor allem zu bemerken und zu verstärken sind, heißen Zuversicht und Kreativität, Mut und Eigensinn, Selbstverantwortung und Gemeinsinn. Sehr viele Kitas und Schule haben das verstanden und setzen diese Haltung im Alltag um.

Dazu ein Beispiel: Einen ungewöhnlichen Weg geht dabei die Grundschule Oberforstbach in Aachen. Dort steht „Glück“ auf dem Stundenplan, angeregt und konzipiert von der Aachener Tanz- und Ausdruckstherapeutin Katja Reuter. Sie ist überzeugt: Aufgaben, an denen man begeistert wachsen kann und die Verbundenheit mit anderen Menschen – gerade Schule kann beides im Überfluss bieten. Katja Reuter geht es darum, gerade die Pädagoginnen und Pädagogen in den Grundschulen zu ermuntern, Schule für Erwachsene und Kinder zu einem Ort zu machen, in dem Glück und Begeisterung nicht abgekoppelt werden von intellektueller Leistung und deren Bewertung. Das Förderkonzept[37] der Schule lädt die gesamte Schulgemeinschaft ein zu:

- Freude und Begeisterungsfähigkeit,
- Neugier und Motivation,
- Mut und Hingabe,
- Achtsamkeit und Wertschätzung,
- Zukunftsvisionen.

Es sind also die guten Gefühle, die dem Gehirn die entscheidenden Anreize geben, aktiv zu werden. Jedes Kind kommt danach mit einer unbändigen Lust zur Welt, etwas zu lernen und zu leisten. Diese Lernfreude und damit die Lust des jungen Kindes, Neues zu entdecken und die Umwelt zu erkunden, wird „Exploration“ genannt. Die Feinfühligkeit der Bezugspersonen und die Bindungssicherheit des Kindes gelten als wesentliche Bedingung dafür, dass ein Kind sein Explorationsverhalten ausleben kann, dass es einfach gern lernt.

Dass das Entdecken der Welt, das Kennenlernen von neuen Zusammenhängen, die Lust am Ausprobieren und am unermüdlichen Üben für jedes kleine Kind einen hohen Wert hat, ist in der wissenschaftlichen Literatur dazu unbestritten. Lernen ist stets von Gefühlen begleitet. Deren Auswirkungen auf Lernen sind enorm. Hat ein Kind z. B. Angst, etwas falsch zu machen, kann der Nährboden für Wissbegier und Exploration verkümmern. Wird es ermuntert, etwas noch einmal zu versuchen, kann es unermüdlich üben. Die entscheidende Aufgabe der begleitenden Erwachsenen ist es somit, belastenden Stress zu reduzieren, eine sichere Bindung als Basis für Exploration aufzubauen und eine anregungsreiche, motivierende Umgebung anzubieten. Viele Menschen behalten so ihren Wissensdurst und ihr Interesse an der Welt ihr Leben lang. Neues zu lernen, bleibt für sie ein hoher, sinnstiftender Wert. Sie empfinden ihr Leben als wertvoll, weil sie Freude daran erleben, sich Facetten des Lebens zu erschließen.

So wichtig: Ein freundlicher, verständnisvoller und ideenreicher Begleiter, wenn der eigene Mut (noch) nicht reicht

HINTERGRUND

Glück als Schulfach[38]

Seit 2010 wird das Schulfach „Glück" in über 100 Schulen Deutschlands und Österreichs in nahezu allen Schularten und Altersstufen unterrichtet. Das Förderkonzept „Glück" für die Grundschule ist angelehnt an das von Ernst Fritz Schubert für den Sekundarbereich entwickelte Schulfach „Glück". Das 2009 gegründete Fritz-Schubert-Institut zur Persönlichkeitsentwicklung, gemeinnützige GmbH, startete im Jahr 2011 mit der Stadt Heidelberg einen Pilotversuch, um die Persönlichkeit junger Kindergarten- und Grundschulkinder zu stärken. Dazu werden seit September 2011 Erzieherinnen und Grundschullehrerinnen aus Heidelberg in zwölf Modulen innerhalb eines Jahres mit der Didaktik und Methodik vertraut gemacht. In einer Evaluation der Unterrichtsergebnisse eines Jahres konnte nachgewiesen werden, dass die teilnehmenden Schülerinnen und Schüler sich nicht nur wohler als die der Kontrollgruppe fühlten, die Schulgemeinschaft wertvoller einschätzten als ihre anderen Mitschüler, sondern vor allem auch mehr Lebenssinn für sich empfanden.

Sie bleiben offen und müssen sich nicht verschließen, abwenden oder sich aus Schutz vor Kränkungen, die sie als Kinder erfahren haben, verhärten. Mit den Worten des Neurobiologen Gerald Hüther klingt das so: „Wir brauchen Gemeinschaften, deren Mitglieder einander einladen, ermutigen und inspirieren, über sich hinauszuwachsen."

Dazu ein Beispiel aus der Praxis: Tobias ist ein munterer Zweitklässler in einer Grundschule im Rheinland, der gern zur Schule geht. Im Unterricht zählt er zu den leistungsstarken Schülern, er spielt leidenschaftlich gern Fußball und trainiert im Verein. Nur im Schwimmunterricht ist er das einzige Kind, das sich auch nach einem halben Jahr noch nicht traut, weiter als bis zum Bauch ins Wasser zu gehen. Die Eltern haben mehrere Schwimmkurse mit ihm besucht, die seine Angst jedoch nicht lindern konnten. Einige Unterrichtsstunden, bevor alle Kinder ihre Schwimmurkunde bekommen sollten, hat der Sportlehrer eine Idee: Er vereinbart mit Tobias und seinem besten Freund Nils (einem guten Schwimmer), dass Nils einen Schlüsselanhänger in Form eines kleinen Fußballs (den hatte der Lehrer gekauft) auf die Stufen legen würde, die nach und nach etwas tiefer unter Wasser ins Schwimmbecken führen. Wenn Tobias es schaffen würde, bis zur Urkundenüberreichung den Fußball von der vorletzten Stufe aufzuheben (dazu müsste er kurz den Kopf unter Wasser bringen), würde Tobias den Schlüsselanhänger als Anerkennung für seine Überwindung bekommen. Das sollen sie zusammen üben. Und tatsächlich: Tobias schafft es, und Nils ist mindestens genau stolz, seinen Freund angefeuert und begleitet zu haben. Als alle Kinder ihre Urkunden erhalten haben, überreicht der Sportlehrer Tobias die kleine Trophäe; die Kinder applaudieren. Das war vor fünfeinhalb Jahren. In der weiterführenden Schule hatte Tobias der Ehrgeiz gepackt und er lernte doch noch richtig Schwimmen. Heute verabredet er sich zwar immer noch lieber zum Fußball als zum Schwimmen, aber wenn es draußen richtig heiß ist, geht er mit seinen Freunden auch ins Freibad. „Und die Moral von der Geschicht'?":

- Der Pädagoge war einfallsreich um Tobias bemüht und hat versucht, ihn über seine Freude am Fußball und über einen Freund zu motivieren.
- Er wertschätzte seine Überwindung, er machte ihn vor allem nicht lächerlich.
- Nils hat hautnah gespürt, wie erfüllend es ist, ein anderes Kind zu unterstützen. Diese Erfahrung wird er nicht mehr vergessen.
- Tobias hat erlebt, wie es sich anfühlt, sich zu überwinden. Er hat außerdem erlebt, dass er sich auf einen Freund verlassen kann und dass man zu einer Gemeinschaft dazugehö-

Gemeinsam etwas unternehmen – das stärkt die Freundschaft

Warme Dusche – oder: wie Worte die Seele wärmen können

Wir (Familie von A. v. P.) waren gerade umgezogen, mein Sohn in eine neue Klasse gekommen. Alles war fremd, die neue Klasse nicht ganz einfach. Da versuchte die Lehrerin meines Sohnes die „Warme Dusche". Alle Kinder schrieben ihren Namen auf einen kleinen Zettel. Diese Zettel kamen in eine Losbox. Zu Stundenbeginn wurde je ein Zettel mit einem Namen darauf gezogen. Für dieses Kind wurde in dieser Stunde eine sog. „Warme Dusche" entwickelt. Jedes einzelne Kind schrieb und malte auf ein kleines Blatt, was es an dem ausgewählten Kind besonders und einzigartig fand: „Du bist so witzig!" / „Ich spiele gern mit dir." / „Ich mag deine Augenfarbe." / „Du hilfst mir immer, wenn ich es brauche."

Dann setzten sich alle in den Kreis und das Kind durfte sich in die Mitte setzen oder auch im Kreis sitzen bleiben. Reihum lasen alle Kinder vor, was ihnen Positives zu dem jeweiligen Kind eingefallen war. Die warmen Worte wurden so zur „Warmen Dusche". Das Kind durfte am Ende der Stunde die Zettelchen mit nach Hause nehmen. Mein Sohn kam damals beschwingt und fröhlich nach Hause. Stolz präsentierte er beim Mittagessen seine „Warme Dusche": 23 wirklich nette Zettelchen holte er aus seinem Ranzen, die nur ihm galten! Er legte sie in einen besonderen Karton. Fast vier Jahre später: Die Zettelchen liegen immer noch im Karton. Ab und zu holen wir diese heraus und betrachten sie. Es ist immer noch ein schönes Gefühl, die lieben Gedanken zu lesen. So viel positive Energie steckt in diesen kleinen Blättchen. Ehrlich gesagt, so eine „Warme Dusche" kann wohl jeder mindestens einmal in seinem Leben gebrauchen! Und genau deshalb wagte ich mich daran, die „Warme Dusche" in meinem Unterricht zu versuchen. Nun bin ich nicht Klassenlehrkraft, sondern arbeite nur stundenweise in meinen Lerngruppen und musste mir zuvor gut überlegen, wie ich das Prinzip der „Warmen Dusche" abwandeln kann, um die Kinder in den Genuss dieser Methode kommen zu lassen. Ich ließ die Kinder in Kleingruppen arbeiten. In diesen Kleingruppen wurden Namen gezogen und warme Dinge über das jeweilige Kind geschrieben. Auch das gezogene Kind sollte eine „Warme Dusche" über sich selbst schreiben. Denn genau das ist es, was uns Erwachsenen selbst häufig noch fehlt: Eine Wertschätzung der eigenen Person gegenüber. „Ganz schön gewagt", so der Kommentar einer Kollegin. Ja, es ist gewagt, wenn man in einer relativ „fremden" Lerngruppe nach dem Prinzip arbeitet. Doch, wenn selbst der Klassenkasper die netten Worte gerührt entgegennimmt, weiß man, wofür man es zumindest versuchen sollte! Wer nicht wagt, der nicht gewinnt!

ren kann, auch wenn man nicht die erforderte Leistung sondern eine andere, eine individuelle, bringt.

- Die ganze Klasse hat die beste Lehrstunde über Hilfsbereitschaft, Wertschätzung, Selbstüberwindung, Zusammenhalten und Freundschaft erhalten. Sie hat darüber hinaus erlebt, was guter Unterricht bewirken kann.

Durch Ausprobieren, Entdecken, Erforschen, eigenständiges Fragen und das Erleben von Ursache und Wirkung erweitern Kinder ständig ihr Wissen. Je früher eine reiche „Welterfahrung" beginnt, desto leichter fällt es ihnen als Jugendliche und als Erwachsene, offen und neugierig für komplexe Aufgaben und Herausforderungen zu sein.

Pamela Kilian[39]

Leistung ist mehr, als gute Noten zu haben

Dass der Lehrer die Leistungsbereitschaft und Leidenschaft von Tobias außerhalb der Schule kennt und in seinen Sportunterricht integriert, ist ein Zeichen von gutem Unterricht. Im „Handbuch Gute Schule" (s. **Literatur, S. 128 f.**), in dem Wissenschaftler und Menschen der Praxis die Qualitätsbereiche für gute Schule und guten Unterricht erörtern, schreibt die Schulleiterin Helga Boldt (Mitglied der Jury des Deutschen Schulpreises der Robert Bosch Stiftung und der Heidehof Stiftung)[40]: „Guten Schulen ist gemeinsam, dass sie die Entwicklung der Schulleistungen in den Kernfächern, vermittelt über die Beteiligung an Lernstandserhebungen und zentralen Abschlussprüfungen, gut im Blick haben, die Leistung von Kindern und Jugendlichen aber nicht auf in Zensuren Bewertbares reduzieren. Sie bieten bewusst eine Vielzahl von Lern- und Leistungsgelegenheiten an, die innerhalb und außerhalb der Schule genutzt und mit Anerkennung versehen wird. Es ist nicht die Ausnahme, sondern Alltagspraxis an guten Schulen, dass Kinder und Jugendliche darin unterstützt werden, in und außerhalb der Schule für sie bedeutsame Leistungsgelegenheiten zu finden und auszukosten. (…)" Und sie schreibt weiter: Gute Schulen „wissen um den Zusammenhang von Lernen und sozialer Einbindung. Das größte Lernhemmnis und damit auch das größte Leistungshindernis bei Kindern und Jugendlichen ist ein subjektiv empfundener Mangel an Zugehörigkeit zu einer sozialen Gemeinschaft. Wenn dieses Grundbedürfnis an keiner Stelle im Raum der Schule befriedigt werden kann, verliert Anstrengung ihren Sinn. Von Seiten der Schule ist immer schwer zu messen und zu bewerten, ob die Strukturen so angelegt sind, dass diesem Grundbedürfnis hinreichend Nahrung gegeben wird. Dieser Zusammenhang verdient aber Beachtung, Beobachtung und Rückmeldung, auch im Schulentwicklungsprozess in seiner Gesamtheit, und hat viel zu tun mit der Leistungsfähigkeit der Schule insgesamt."

Gemeinschaft spüren und leben bei Spiele-Nachmittagen

Manchmal sehnt sich Lara zurück; zurück in die Zeit, als sie die Kita und Grundschule besucht hatte. Denn dort gehörte es zum festen Konzept, dass es regelmäßig wiederkehrende Spiele-Nachmittage für die Gruppe oder später für die Klasse gab. Informell trafen sich groß und klein – also Eltern, Großeltern, pädagogische Fachkräfte und natürlich die Kinder einer Gruppe bzw. Klasse. Jede und jeder hatte sein Lieblingsspiel dabei und einen Picknickkorb mit Bechern, Getränken und einem (gesunden) Snack. Dann setzte man sich zusammen und verbrachte bewusste zwei Stunden damit, gemeinsam zu spielen.

Spiele-Nachmittage sind besondere Gelegenheiten, um miteinander ohne größeren Aufwand zusammen zu kommen. Dabei sind diese Treffen auch dazu geeignet, den interkulturellen Dialog in der (Lern-)Gruppe anzuregen. Welche Spiele gibt es in anderen Ländern? Wie geht es den Eltern von Mihaj inzwischen in der neuen Heimat? Welche Kinder und Eltern sind neu in der Gemeinschaft? Wie können sie unterstützt werden? Und last but not least unterstützen Spiele-Nachmittage pädagogische Fachkräfte, Lehrkräfte und Eltern dabei, miteinander informell in den Dialog zu treten, wenn sie es wünschen. Ganz nebenbei werden Werte vermittelt: Man einigt sich auf das Spielen eines Spieles, man lernt Regeln kennen und wendet sie an. Man lernt, zu verlieren und genießt es aber auch, zu gewinnen. Sprich, man lernt innerhalb der vertrauten Gemeinschaft,

„Also müssen wir einen neuen Weg finden"

Zwei Experten im Gespräch:
Bernhard Bueb: „Die Menschen stehen vor der Herausforderung, ihr Leben mit Sinn füllen zu müssen, sie können nicht mehr auf Religionen oder Ideologien vertrauen, sie tun es zum Glück auch immer weniger. Durch Bildung sollen sie fähig werden, ihrem Leben Sinn zu geben, und der bezieht sich auf alles: Wie definieren sie ihr Glück, wonach wählen sie ihre Werte aus? Und: Wie erziehen sie ihre Kinder? Auch dafür gibt es keine übergeordneten Werte- oder Sinnsysteme. Dass sich die heutigen Eltern von den autoritären Strukturen in der Erziehung ihrer eigenen Kinder befreien, ist eine Entwicklung, die jeder begrüßt. Dafür haben sie jetzt mit einer Freiheit zu kämpfen, die viele überfordert."

Jesper Juul: „Weil sie in der Lage sein müssen zu wählen. Wie erziehe ich mein Kind, welche Grenzen setze ich? Damit kommt auf die Leute eine Verantwortung zu, die früher unbekannt war. In ganz Europa, auf der ganzen Welt suchen Eltern nach Orientierung. Denn überall existiert das Alte nicht mehr. Es gibt keine Konzepte mehr in unserer Gesellschaft. Keiner sagt einem mehr: ‚So macht man das und so nicht.' Das ist vorbei. Aber es ist gut, dass sich Eltern erlauben, unsicher zu sein. Wir haben alle Extreme von Erziehungsstilen ausprobiert – kein Weg hat sich als der ideale erwiesen. Egal, ob autoritär, laissez faire, alles dazwischen, nichts funktioniert optimal. Also müssen wir einen neuen Weg finden, und in diesem Prozess stecken wir."[41]

mit all diesen Themen umzugehen. Und: Man verbringt wertvolle Zeit miteinander. Zeit, die weder von Smartphones noch von anderen Ablenkungen unterbrochen, sondern exklusiv miteinander verbracht wird. Genau darum geht es in Kita und Schule, denn gute Einrichtungen sind auch Häuser des gemeinsamen Lebens und Lernens.

Kindern und Erwachsenen Mut machen

Kinder in Kita und Schule erleben also ihren Wert ganz unmittelbar darin, wie Erzieherinnen und Lehrkräfte mit ihnen und ihrer Leistungsbereitschaft umgehen. Was kleine Menschen bewegt, hat wohl keiner so anrührend in ein kleines Lied gepackt, wie der Theologe Andreas Ebert in seinem „Kindermutmachlied", hier ein Textauszug: „(...) Wenn einer sagt: ‚Ich mag dich, du, ich find dich ehrlich gut', dann krieg ich eine Gänsehaut und auch ein bisschen Mut.Wenn einer sagt: ‚Ich brauch dich, du, ich schaff es nicht allein', dann kribbelt es in meinem Bauch, Ich fühl mich nicht mehr klein. Wenn einer sagt: ‚Komm, geh mit mir, zusammen sind wir was', dann werd' ich rot, weil ich mich freu, dann macht das Leben Spaß. (...)"

Und für alle großen Menschen, die mit sich hadern, weil sie doch hin und wieder an ihrem eigenen Wert oder ihren Leistungen zweifeln, empfehlen wir ein „Erwachsenenmutmachlied" von Andreas Bourani *(https://www.youtube.com/watch?v=WprmdlbbgGo)*.

KAPITEL 3

Werte & Kinderrechte

KAPITEL 3
Werte & Kinderrechte

Mehr als ein Vierteljahrhundert ist verstrichen, seit die UN-Kinderrechtskonvention verabschiedet wurde. Doch die Aufnahme in das Deutsche Grundgesetz steht nach wie vor trotz zahlreicher Bemühungen und Unterstützer aus. Zu ihnen zählt das 2007 gegründete Aktionsbündnis Kinderrechte.[42] Ihm gehören UNICEF Deutschland, das Deutsche Kinderhilfswerk sowie der Deutsche Kinderschutzbund an, sie agieren in Kooperation mit der Deutschen Liga

„Ich habe Rechte!"

für das Kind. Anlass zur Hoffnung, dass dieses inzwischen zehnjährige Engagement Früchte trägt, gibt der Vorstoß der deutschen Justizminister und -ministerinnen im Herbst 2016. Auch sie setzen sich dafür ein, die Kinderrechte im Grundgesetz zu verankern. Doch was sagen die Kinderrechte eigentlich aus? Wozu verpflichten sie uns Erwachsene, Eltern, Erzieherinnen und Erzieher, Lehrerinnen und Lehrer? Welche Rechte besitzen Kinder? Wie können sie diese einfordern?

Die Aufgabe der Umgebung ist nicht, das Kind zu formen, sondern ihm zu erlauben, sich zu offenbaren.

Maria Montessori

Von Mitwirkung bis Gewaltfreiheit

Anfang dieses Jahrzehnts befragte die Generaldirektion der Justiz der Europäischen Kommission Jungen und Mädchen aus den 27 EU-Mitgliedsstaaten zu ihrer Auffassung von Kinderrechten und fasst anschließend zusammen: „Kinder erklären (…), dass sie (…) mehr Vertrauen von den Erwachsenen erwarten. Ferner sollten Erwachsene die Meinung von Kindern besser berücksichtigen und sie an Entscheidungen stärker teilhaben lassen. Kinder möchten an den Entscheidungen, die sie selbst betreffen, mitwirken dürfen. Sie möchten das Gefühl haben, dass ihre Meinung zählt."[43]

Ein Blick auf die zehn markantesten Rechte macht deutlich, wie umfangreich der Rechtsanspruch von Kindern und Jugendlichen ausfällt. Als zentrale Rechte gelten:

1. Das Recht auf Gleichbehandlung und Schutz vor Diskriminierung unabhängig von Religion, Herkunft und Geschlecht.
2. Das Recht auf einen eigenen Namen und eine Staatszugehörigkeit.
3. Das Recht auf Gesundheit.
4. Das Recht auf Bildung und Ausbildung.
5. Das Recht auf Freizeit, Spiel und Erholung.
6. Das Recht auf eine eigene Meinung; sich zu informieren, mitzuteilen, gehört zu werden und sich zu versammeln.
7. Das Recht auf eine gewaltfreie Erziehung und eine Privatsphäre.
8. Das Recht auf sofortige Hilfe in Katastrophen und Notlagen wie Armut, Hunger und Krieg und auf Schutz vor Vernachlässigung, Ausnutzung und Verfolgung.
9. Das Recht auf eine Familie, elterliche Fürsorge und ein sicheres Zuhause.
10. Das Recht auf Betreuung bei Behinderung.[44]

„Du schaffst das nicht!", gibt es nicht

Längst nicht alle Kinder und Jugendliche können behaupten, ihre Rechte würden geachtet,

Ein Kinderleben lang

Text: Daniela Dicker, Musik: Reinhard Horn

Refrain:
Kinder haben Rechte
ein Kinderleben lang.
Kinder haben Rechte.
Na los, komm mit, fang an!
Kinder haben Rechte!
Da bleiben wir nicht leis.
Kinder haben Rechte!
Damit das jeder weiß!

1. Strophe:
Kinder dürfen lernen –
ein Kinderleben lang.
Kinder dürfen spielen –
ein Kinderleben lang.
Kinder dürfen lachen –
ein Kinderleben lang.
Kinder haben Rechte.
Na klar und Gott sei Dank!

Refrain

2. Strophe:
Kinder brauchen Liebe –
ein Kinderleben lang.
Kinder brauchen Frieden –
ein Kinderleben lang.
Kinder brauchen Freiheit –
ein Kinderleben lang.
Kinder haben Rechte.
Na klar und Gott sei Dank!

Refrain

2. Strophe:
Kinder dürfen stark sein –
ein Kinderleben lang.
Kinder dürfen schwach sein –
ein Kinderleben lang.
Kinder dürfen laut sein –
ein Kinderleben lang.
Kinder dürfen Kind sein.
Na klar und Gott sei Dank!

Refrain

geschweige denn, sie könnten sie einfordern. *Dazu ein Beispiel*: Peter (11) z.B. besucht eine Schule in einer mittelgroßen deutschen Stadt. Dort werden Partizipation und Kinderrechte groß geschrieben, sie werden geachtet und gelebt. Ein Schülerparlament existiert hier nicht nur als Feigenblatt demokratischen Verständnisses, sondern wird ernsthaft gehört. Es wird an allen Entscheidungen der Schule bis hin zur Schulentwicklung und Gestaltung des Schulgebäudes beteiligt. Und gerade deshalb geraten manche Schülerinnen und Schüler in ein Wechselbad der Gefühle. Die Schulleiterin, die anonym bleiben möchte, erklärt in einem privaten Gespräch: „Diejenigen, die kein schönes Zuhause haben, genießen hier bei uns die Erfüllung ihrer Grundbedürfnisse. Aber manche Kinder verlassen freitags die Schule in der Gewissheit, dass ihre Rechte auf Partizipation, also Mitsprache und körperliche Unversehrtheit, an den kommenden zwei Tagen in ihren Familien nicht garantiert ist." Peter macht deutlich, wie sehr er sich mit dem Thema beschäftigt hat: „Viele glauben ja, Kinderrechte würden nur in ausländischen Familien, die hierhergezogen sind, mit den Füßen getreten. Sie sollten mal

Werte und Kinderrechte in Leitbildern

Unsere Schule ist ein Lern- und Lebensraum

- Wir (Schüler, Mitarbeiter, Eltern ...) entwickeln ein Gemeinschaftsgefühl und lernen und lehren in freundlicher Atmosphäre.
- Wir begegnen uns aufmerksam und respektvoll.
- Es gibt gemeinsame, jahrgangsübergreifende Rituale und Feste, die uns das Jahr über begleiten.

Wir achten die Individualität eines jeden Menschen

- Wir fördern jedes Kind individuell in seiner körperlichen, geistigen und seelischen Entwicklung.
- Die Schule unterstützt die Kinder auf ihrem Weg zu einer selbstständigen, selbstbewussten und verantwortungsvollen Persönlichkeit.
- Durch gezielte Maßnahmen erwirbt das Kind Basiskompetenzen und Kulturtechniken.

Wir erziehen zu Toleranz

- Wir üben Toleranz in der Klasse und in der Schulgemeinschaft.
- Auf der Grundlage christlicher Werteorientierung begegnen wir Andersdenkenden respektvoll und offen.

Wir erziehen zu Weltoffenheit und nehmen globale Verantwortung wahr

- Wir erziehen zur Mündigkeit und zur Verantwortung für sich selbst, für andere und für die Umwelt.

Unsere Schule öffnet sich

- Die Eltern wirken in möglichst vielen Bereichen der Schularbeit mit.
- Wir kooperieren mit außerschulischen Partnern.
- Wir erwerben und entwickeln Medienkompetenz.

Leitbild der Grundschule Posthausen, Abdruck mit freundlicher Genehmigung von Christian Pagels (Schulleiter)

erleben, was bei mir zu Hause los ist, wenn ich meinem Vater widerspreche."

Auch das Recht auf Bildung nutzt längst noch nicht jedem Kind in Deutschland. Der Wert „Bildung" als solcher gilt als erkannt. Und dennoch gelingt es nach wie vor viel zu wenig, die Abhängigkeit guter Bildung von der sozialen Herkunft zu entkoppeln. Wenn es darum geht, wird Suat Yilmaz besonders energisch. Der stellvertretende Leiter des Zentrums für Talentförderung in Gelsenkirchen schätzt Bildungsgerechtigkeit im Gespräch mit uns als Wert besonders hoch. Er ist überzeugt: „Es ist eine Frage der Haltung, mit denen wir Kindern gegenübertreten. Wir müssen ihre Rechte nicht nur achten, sondern sie ermuntern, diese einzufordern." Und er gibt eine konsequente Devise für die Arbeit an seinem Zentrum aus: „Einem Kind zu sagen, du schaffst das nicht, hat eine Abmahnung zur Folge."[45]

UNICEF fordert: Kinderrechte in die Schulen

Im Zuge der Ausbreitung von Ganztagsschulen bedarf es einer engen vertrauensvollen Zusammenarbeit von Eltern und Schulen. Weil Kinder und Jugendliche immer mehr Zeit in Kita und Grundschule verbringen, sprechen Erziehungswissenschaftler wie z. B. der Leiter des Deutschen Jugendinstituts in München, Prof. Dr. Thomas Rauschenbach, von einer „institutionalisierten Kindheit"[46]. Der Einfluss von Lehrkräften, Sozialpädagogen, Betreuern im Ganztag und der Peer-Group nimmt folglich stetig zu. Gleichzeitig steigt die Zahl der Schulen, die durch spezielle Demokratieprojekte und Partizipation der Schülerinnen und Schüler die Beachtung der Kinderrechte zu ihrer pädagogischen Aufgabe machen. Darüber, ob Projekte oder einzelne Unterrichtseinheiten, in denen die Kinderrechte vorgestellt werden, nachhaltig wirken können, gehen die Meinungen manchmal auch auseinander. Schließlich, so befürchten Kritiker, werden an manchen Kitas und Schulen gleichzeitig die Augen davor verschlossen, dass Mobbing, Hänseleien und Ausgrenzung Kinder verletzen, einschüchtern und von Ängsten geplagt nicht schlafen lassen.

Theaterpädagogische Ansätze gegen Gewalt, oder Beteiligungsformen, wie sie das Programm „Kinderfreundliche Kommune" (eine Initiative von UNICEF und Deutsches Kinderhilfswerk) anstößt, können wichtige Signale aussenden. Gemeinsam setzt man sich für einen Haltungswandel ein und dringt darauf, dass die Kinderrechte in der Schule als täglicher Wert gelebt werden. Intensive Fortbildungen wie das „buddy-Programm – Kinderrechte an Grundschulen im Rahmen Schulprogrammatischer Arbeit" finden zunehmend Anklang bei Schulen, Lehrern, Eltern, vor allem aber auch bei den Kindern.[47] Das Ziel lautet: „Kinderrechte-Schulen stellen die UN-Kinderrechtskonvention in den Mittelpunkt ihrer Planungen, Strategien und Praktiken. Als Bestandteil der Kultur ihrer Schule fördern sie über die Kinderrechte eine inklusive, demokratische und respektvolle Schulkultur für Kinder, Jugendliche und Erwachsene. Kinderrechtsbildung als ein besonderer Bereich der Menschenrechtsbildung fokussiert darauf, über, durch und für Rechte zu lernen."[48]

Geht es nach UNICEF, gehören Kinderrechte nicht nur ins Grundgesetz, sondern auch in die „Verfassung" jeder Schule. Anlässlich des Starts des neuen buddy-Programms in Nordrhein-Westfalen, brachte es der Leiter der Sankt-Konrad-Schule in Neuss, die mit der Teilnahme an den Fortbildungen von UNICEF den ersten Schritt zur Kinderrechteschule gemacht hat, auf den Punkt. „Dass Kinder Pflichten haben", betonte Winfried Godde, „wird gern erwähnt, dass sie aber auch Rechte haben, gelegentlich vergessen. Die Teilnahme an diesem Kinderrechte-Programm soll helfen, unsere Kinder in ihrem Selbstbewusstsein zu stärken und uns (…) daran erinnern, die Rechte der Kinder ernst zu nehmen."[49]

Nicht die Augen verschließen, wenn es einem Kind nicht gut geht.

KAPITEL 4

Werte & Übergänge

KAPITEL 4

Werte & Übergänge

Es muss das Herz bei jedem Lebensrufe
Bereit zum Abschied sein und Neubeginne,
Um sich in Tapferkeit und ohne Trauern
In andre, neue Bindungen zu geben.
Und jedem Anfang wohnt ein Zauber inne,
Der uns beschützt und der uns hilft, zu leben. (...)

Wir sollen heiter Raum um Raum durchschreiten,
An keinem wie an einer Heimat hängen (...)

Warum dieses Gedicht „Stufen" von Hermann Hesse zu den beliebtesten gehört, hängt sicher mit der zuversichtlichen, der Welt zugewandten Haltung zusammen, die aus seinen Worten spricht. Ein „Zauber, der uns beschützt und hilft" wirft einen zuversichtlicheren Blick auf Übergänge, als die in wissenschaftlichen Diskursen zum Thema „Transition" doch sehr häufig bemühte Vokabel der „Krise".

Sicher, die komplexen Anpassungsprozesse, die ein Kind in einem Übergangsprozess leisten muss, können zu Überforderungen und damit zu Krisen führen. Sie können aber auch als Entwicklungsimpulse und somit als Auslöser für stärkende Entwicklungsprozesse wirken, wenn sie als zu bewältigende Herausforderung erlebt werden. In jedem Fall können Kinder mit dem Bild einer Erzieherin als Zauberkünstlerin, wie es die Verse von Hermann Hesse nahelegen, viel mehr anfangen als mit dem einer Krisenmanagerin. Eine Zauberkünstlerin nimmt das Kind an die Hand und ist voller Zuversicht: „Du schaffst das!", heißen die Zauberworte.

Das, was jedes Kind zu schaffen hat, darf uns Erwachsene beeindrucken. Wir dürfen staunen, wenn wir uns vor Augen führen, dass ein Kind, das bald in den Kindergarten oder in die Grundschule kommt – auch jenes, welches demnächst in die weiterführende Schule wechselt – emotionale Höchstleistungen gern vollbringt:

- Es muss seine Verlustängste bewältigen, die mit der Trennung von Bezugspersonen verbunden sind.
- Es muss lernen, sich in Stresssituationen bei einer neuen Bezugsperson emotionalen Rückhalt zu suchen.
- Es muss mit der neuen sozialen Situation und neuen Ansprüchen, die gestellt werden, umgehen.
- Es muss sich eine neue Umgebung erschließen, die völlig anders und vielfältiger gestaltet ist als die bisherige.

Jedes Kind ist anders und startet unter seinen ganz eigenen Voraussetzungen in das Abenteuer „Übergang". Es ist leicht nachvollziehbar, dass unter „verdichteten Entwicklungsanforderungen", wie die Transitionsforscher Renate Niesel und Wilfried Griebel formulieren, Stärken und Eigenheiten des jeweiligen Kindes und

Ein Übergang, der für Menschen mit Höhenangst zu einer Mutprobe wird

seiner Familie womöglich deutlicher zutage treten als vorher. Erzieherinnen und Erzieher mit einem guten Blick für Kinder und deren Eltern erkennen meist nach kurzer Zeit, welche Basiskompetenzen sie ansprechen können, um dem gesamten „System Familie" die Chancen des Übergangs und das Besondere des Neubeginns nahezubringen. Sie fühlen sich nicht nur in das Kind ein, sondern spüren ebenso die Angespanntheit oder Erleichterung der Eltern. Die Übergangsgestaltung selbst sollte deshalb als Aufgabe des gesamten Teams / Kollegiums verstanden und auf die Einrichtung mit ihrem sozialen Umfeld zugeschnitten sein sowie konzeptionell verankert werden (Viernickel / Lee 2004).

Es ist die Haltung der Fachkräfte, die hier zählt. Wer versteht, dass gelungene Übergänge wertvolle, kaum zu „toppende" Erfolgserlebnisse in der Entwicklung jeden Kindes sind, der sucht und findet genau die Stärken und Kompetenzen des Kindes, auf die es vertrauen kann. Ein gelungener Übergang – und das kann man nicht oft genug betonen – ist der allerbeste Steigbügel für die Stufen, die ein junger Mensch immer wieder zu erklimmen hat.

Kinder bewältigen eine hohe Anpassungsleistung

Es ist immer wieder, jedes Kita-Jahr oder Schuljahr aufs Neue, eine große Herausforderung, einem Kind zugewandt zu bleiben, auch wenn es ein Verhalten zeigt, das Unbehagen hervorruft oder welches unter Umständen aufwächst, die einer Erzieherin Schwierigkeiten bereiten. Bei

Ein Mädchen reflektiert seine Übergänge

Sommerferien: Pauline (11 Jahre, 5. Schuljahr) kommt in die Küche. Sie soll das Meerschweinchen versorgen und beginnt, Möhren in kleine Stücke zu schneiden. Die Mutter fragt: „Freust du dich auf morgen?" (Morgen beginnt eine Ferienfreizeit. Drei Wochen nur Theaterspielen, Paulines Leidenschaft.) (Schnipp-schnipp) „Ich bin aufgeregt; wegen der neuen Kinder." (Pause, schnipp-schnipp) „Aber ich habe mich ja schon bei ‚Karate' damals an die neue Gruppe gewöhnt. Und in der Zirkus-AG letztes Jahr war ich auch die einzige, die keine anderen Kinder kannte." (Pause, schnipp-schnipp) „Am alleraufregendsten war der Wechsel in die BBG (weiterführende Schule). Jetzt habe ich da schon vier neue Freundinnen." (lange Pause, schnipp-schnipp, schnipp-schnipp) „Also … da hab ich ja jetzt schon Übung!" (Pause, schnipp-schnipp) „Ja, ich glaube, ich freue mich."

Das Mädchen Pauline besinnt sich hier auf seine Stärken und positiven Erfahrungen. Es kann sich in eine neue Gruppe einfinden und Freundschaften knüpfen! Super, genau diese Kompetenz darf jetzt eine große Rolle im Alltag des Kindes spielen. Sie wird zum Mittelpunkt der Übergangsgestaltung für dieses einzelne Kind. Im Idealfall hat Pauline eine Kita und eine Grundschule besucht, bei der sich Erzieherinnen und Lehrerinnen regelmäßig über die Kinder austauschten. Dass Pauline ein Kind ist, dem es gut gelingt, Bindungen aufzubauen, würde dann als Stärke beschrieben werden, welche die Grundschul-Lehrkräfte aufgreifen. Ein Kind, das sich solchermaßen wertgeschätzt und angenommen fühlt, bleibt offen für die Anforderungen und Wünsche anderer. Es muss sich nicht verschließen. Es lernt seinen Wert kennen, kann ihn einschätzen und vor allem selbst wertschätzen. Damit bleibt ein Kind unabhängig von der Einflussnahme anderer und der Welt gleichzeitig zugewandt.

Wie wir an Pauline sehen können, spielen starke Gefühle bei Übergängen auf der individuellen Ebene eine große Rolle. Das können Ängste oder Vorfreude sein; auch durchaus beides zusammen im Wechsel, oder als eine unklare „Gemengelage". Fachkräfte können einem Kind helfen, diese Ambivalenzen zu durchdringen, wenn sie konkret fragen:

- Worauf freust du dich?
- Was möchtest du ausprobieren?
- Macht dir etwas Sorgen?
- Wie kann ich dir helfen?
- Wenn eine Zauberfee dir jetzt einen Wunsch erfüllen würde, welcher wäre das?

einer spürbaren Antipathie ist es deshalb Aufgabe der Fachkraft, auch bei sich selbst auf die Suche nach der Ursache zu gehen. Das „Übergangs-Kind" hat in jedem Fall Anspruch auf eine ihm zugewandte präsente Erzieherin oder Lehrerin, denn es muss auf der interaktiven Ebene zu seinen Bezugspersonen eine hohe Anpassungsleistung bewältigen. Schauen wir auf die Chancen des Kindes, das neu in die Einrichtung kommt oder das bald die Gruppe ver-

Liebe Mette,

nun ist deine Grundschulzeit vorbei und wir müssen voneinander Abschied nehmen.
Du hast es geschafft, vier Jahre in der Ludwig-Richter-Schule zu leben und zu lernen. Es gab schöne und weniger schöne Momente für dich in dieser Zeit.
Ich hoffe sehr, dass die schönen Erlebnisse für dich überwiegen und du deine Grundschulzeit in guter Erinnerung behalten wirst. Vielleicht möchtest du ja später selber mal mit Kindern zusammenarbeiten. Wer weiß...
An dich und die Klasse werde ich auf jeden Fall gern zurückdenken. Es war eine schöne Zeit für mich.

Für deine Zukunft wünsche ich dir, liebe Mette Gesundheit, viel Glück und Freude und natürlich immer nette Menschen an deiner Seite, die zu dir halten und dich begleiten.

Alles Liebe wünscht dir von Herzen

… in guter Erinnerung

lässt, „bereit zum Abschied und zum Neubeginn“. Nicht jedes Kind weiß z. B., wie es die Kontaktaufnahme bewerkstelligen soll. Bei kleinen Kindern kann man beobachten, dass sie andere Kinder schubsen oder stoßen, um die Aufmerksamkeit auf sich zu ziehen. Manches Kind muss also erst lernen, Kontaktwünsche auf angemessene Weise zu zeigen, anzubieten und anzunehmen. Wenn ein Kind diese Fähigkeit aus dem Elternhaus nicht mitbringt, hat es auf der kontextuellen Ebene eine besondere Herausforderung zu bewältigen: Mit dem Eintritt in eine Institution entsteht, vielleicht zum ersten Mal aus Sicht von Kindern und Eltern, eine enge Verbindung zweier bis dahin unverbundener Lebensbereiche (Elternhaus und Kita). Eltern und Kinder erkennen intuitiv, ob ein bestimmtes Verhalten, das Zuhause als stimmig empfunden wird, passt oder nicht. Wenn nicht, sind für das Kind weitere Anpassungsprozesse erforderlich, um gut anzukommen. Dies zu erkennen, zu berücksichtigen und in ein umsichtiges Handeln gegenüber Eltern und Kindern einfließen zu lassen, ist die besondere Leistung jeder Fachkraft.

Mut ist Widerstand gegen die Angst, Sieg über die Angst, aber nicht Abwesenheit von Angst.

Mark Twain

Unterstützung in „schwierigen Zeiten“

Kuscheltiere und Tücher als sog. „Übergangsprojekte“ spielen in den aufregenden Zeiten von Abschied und Neubeginn eine Hauptrolle. Sie schlagen eine Brücke vom Vertrauten zum noch Unvertrauten und helfen, wenn die Trennung schwerfällt. Viele Monate, manchmal Jahre, sind Kuscheltiere, Tücher oder wo-

Ein Extra-Stuhl für Paulchen

Ohne Paulchen geht gar nichts. Er ist ein Bär, gehört zu Paul und hat aus Sicht der Erwachsenen einen Nachteil: Er ist noch etwas größer als Paul. Das wiederum ist für Paul der ganz entscheidende Vorteil: Paulchen beschützt Paul vor den großen Jungen in der Kita – er muss folglich unbedingt mit. Jeden Tag wuchtet Paul den Bären zur Kita-Tür hinein. Zu Pauls großem Glück haben seine Erzieherinnen keine Angst vor großen Tieren. Sie stellen für Paulchen einfach einen eigenen Stuhl in den Stuhlkreis – jeden Morgen.

Paulchen war immer überall dabei …, auch in der ersten Zeit im Kindergarten …

ran das Herz der Kinder hängt, das Wertvollste, das ein Kind bei sich trägt. Hier verdichten sich Gefühle, Eindrücke und liebgewonnene Gerüche, drückt sich das Bedürfnis nach Trost oder Sicherheit aus.

Was nehmen Kinder aus diesem Verhalten gegenüber Paul und Paulchen mit? Was empfinden sie intuitiv? Es ist die Erfahrung, dass mit ihnen achtsam umgegangen wird. Achtsamkeit – ein Wert, der in diesen schnelllebigen Jahrzehnten so intensiv beschworen wird – erfährt ein Kind nicht dadurch, dass seine Schwächen oder Missgeschicke in den Fokus der Aufmerksamkeit gerückt werden. Das ist das Gegenteil von Wertschätzung. Ein Kind, dem (Be-)Achtung geschenkt wird, entwickelt eine Begabung darin, sich selbst zu wertzuschätzen. Es kümmert sich beizeiten von ganz allein um das, was es „besser" machen könnte; oder findet sich (für eine bestimmte Zeit) damit ab, nicht das Mögliche erreichen zu können. Es entscheidet selbst, wann die Zeit reif ist, einen nächsten Schritt zu wagen. Kinder sollten deshalb nicht animiert werden, sich von ihren Übergangsobjekten zu trennen. „Übergänge sind keine Rennstrecke!" hat der Leiter des Instituts für Schulentwicklung Otto Seydel einmal angemahnt.[50] Jedes Kind braucht seine Zeit.

Wenn ein Kind verspottet wird,
lernt es, schüchtern zu sein.
Wenn ein Kind beschämt wird,
lernt es, sich schuldig zu fühlen.
Wenn ein Kind verstanden und toleriert wird,
lernt es, geduldig zu sein.
Wenn ein Kind ermutigt wird,
lernt es, sich selbst zu schätzen.
Wenn ein Kind gerecht behandelt wird,
lernt es, gerecht zu sein.

Tibetische Weisheit

Das PERLE-Projekt in Walsrode

Alexandra von Plüskow hat an diesem Projekt teilgenommen. Sie berichtet und reflektiert das Erlebte und gibt Hinweise für Gespräche mit Eltern.

Im Mai 2015 startete das Pilot-Projekt PERLE. Ein einmaliges Projekt, das den Übergang Kita – Grundschule nicht zielorientiert, sondern personenorientiert ins Visier nimmt. PERLE steht für „Personales Leadership“. Das heißt: Die handelnde Person lenkt den „Blick weg von der Problematik und hin zur Person“, so Christoph Kolbe, psychologischer Psychotherapeut und Coach aus Hannover. An acht Tagen nahmen 19 Erzieherinnen und Lehrkräfte aus nahezu allen Kindertagesstätten und Grundschulen der Stadt Walsrode an dieser umfassenden Qualifizierungsmaßnahme teil. Im Mittelpunkt standen weder inhaltliche Themen des Übergangs wie etwa die Sprachförderung noch die Rahmenbedingungen wie z. B. ein Kooperationskalender. Diese waren immer wieder auch Gesprächsthema, doch im Vordergrund standen die Persönlichkeitsentwicklung und die daraus resultierende Führungskompetenz einer jeden Teilnehmerin. Um den „Blick weg von der Problematik und hin zur Person“ zu schulen und zu festigen, thematisierte Christoph Kolbe im Verlauf der einjährigen Qualifizierungszeit drei relevante Kompetenzen:

- 1. die Wahrnehmungskompetenz,
- 2. die Dialogkompetenz und
- 3. die Abstimmkompetenz.

Wahrnehmungskompetenz: Die Frage hinter der Frage

Relevante Fragen waren z. B.: Was sind meine eigenen Werte? Wie kommt es dazu, dass mein Gegenüber so reagiert, wenn ich einen Impuls gebe? Was bringt mich dazu, „aus der Haut zu fahren“ – und was sind die möglichen Gründe dafür? Meine Kolleginnen und Kollegen, pädagogische Fachkräfte und Lehrkräfte, erzählten einige Geschichten von Situationen mit Eltern oder auch mit Kolleginnen und Kollegen, aus denen sie ratlos hervorgingen. Sie fragten sich und die anderen im Projekt: „Was ist mit Herrn XY los, wenn er sie so aggressiv angeht?“ / „Weshalb nimmt Frau YZ keinerlei Kritik an?“ Christoph Kolbe meinte dazu: „Hier sollten sie sich immer fragen: Was genau ist in diesem Moment die Frage hinter der Frage?“ Ich selbst erinnere mich noch gut an meine ersten Schritte in der Schulpraxis. Die Königsdisziplin waren in dieser Zeit die ersten Elterngespräche. Oftmals fragte ich mich, weshalb manche Eltern verschlossen auf mich zukamen, manche wiederum sofort mit „Du-Botschaften“ handelten. Meine Schulleiterin, zum damaligen Zeitpunkt schon lange in der Praxis, riet mir damals in einem Tür- und Angelgespräch: „Du darfst nie vergessen, dass viele dieser Eltern selbst schlechte Erfahrungen mit der Schule gemacht haben!“ An diesen Satz denke ich nunmehr seit 20 Jahren, wenn ich mit Eltern zu tun habe – und ich kann mich noch besser in sie hineinfühlen, seitdem ich selbst als Mutter an Elterngesprächen teilnehme. Neben der Sorge um das eigene Kind spielt immer der eigene Erfahrungsschatz eine Rolle – positiv oder negativ. Sind die Erfahrungen aus der eigenen Schulzeit eher negativ, so äußern sie sich in Ängsten, die Eltern um ihre Kinder haben. Wenn also ein Elternteil auf pädagogische Fachkräfte und Lehrkräfte vorwurfsvoll zukommt und etwa äußert: ➔

„Sie haben meiner Tochter das Schreiben nicht ordentlich beigebracht." oder: „Mein Sohn fühlt sich nicht wohl in Ihrer Klasse.", so sollten diese sich stets fragen, was wirklich in diesem Moment hinter der Äußerung steckt. Gehen Sie offen und vorurteilsfrei in die Gesprächssituation mit den Eltern und versuchen Sie, Ihr Gegenüber zu verstehen und seine Beweggründe nachzuvollziehen. *Hierzu ein Beispiel*: Eine Kollegin erzählte: Ein Vater kam aufgebracht zur Kita-Leitung. Sein Sohn sei in der Kita nicht gut untergebracht, so der Vater: „Tobias fühlt sich in der Gruppe nicht wohl und die Erzieherinnen gehen darauf gar nicht ein!" Die Teilnehmerin, die diese Situation als Vater spielte, brachte diese Sicht vehement vor. Im Fallbeispiel war die Kita-Leitung sprachlos, sie erklärte: „Mit so viel Aggressivität habe ich gar nicht gerechnet ..." Dann stellte sie sich die Frage hinter der Frage, und es sprudelte aus ihr heraus: „Es sind die Ängste des Vaters, die auf mich einprasseln. Ängste aus der eigenen Vergangenheit, Ängste stellvertretend für sein Kind, Ängste vor der Einrichtung ... Ängste!" Wir haben gelernt: Nehmen Sie diese Ängste wahr! Damit nehmen Sie die Brisanz aus der Situation. Schildern Sie gezielt, was Sie wahrnehmen. Dabei sollten Sie aber authentisch bleiben, zu Ihren Werten und Anschauungen stehen. Ist es gerechtfertigt, was der Vater vorträgt? An welcher Stelle können Sie ihn „abholen" und gemeinsam mit ihm Lösungsansätze entwickeln? Wichtig ist und bleibt es, das Kind im Blick zu behalten! Dies sollten Sie immer wieder betonen.

Dialogkompetenz: Lassen Sie sich ein!

In den vielen Jahren meiner beruflichen Praxis habe ich gelernt: Zu einem gelungenen Elterngespräch gehört das Einlassen der Fach- oder Lehrkraft auf die Person, die ihr gegenüber sitzt. Verweilen Sie in der Situation und versuchen Sie, den Beweggründen des Elternteils auf die Spur zu kommen. Eine gute Gesprächsatmosphäre im Sinne eines aktiven Zuhörens in einem extra vorbereiteten Raum, in dem keine Störungen zu erwarten sind, sowie eine angemessene Vorbereitung auf das Gespräch sind das A und O für das Gelingen der Kommunikation. Hören Sie dem Elternteil genau zu, bestätigen Sie dies durch nonverbale Gesten und fragen Sie gezielt nach, wenn Sie sicher gehen möchten, dass Sie die Motivation der Eltern verstanden haben. Alternativ fassen Sie mit eigenen Worten zusammen, wie Sie die Situation verstanden haben. Fragen Sie Ihr Gegenüber nicht ab, aber erkundigen Sie sich danach, was genau die Situation so bedeutsam für Ihre Gesprächspartnerin bzw. Ihren Gesprächspartner macht. Notieren Sie wichtige Äußerungen stichwortartig mit. Sie können diese Äußerungen auch an einem Flipchart festhalten.

Abstimmkompetenz

Um in Gesprächen mit Eltern zu einer tragfähigen Lösung zu kommen, ist es maßgeblich, die individuelle Zustimmung aller am Prozess Beteiligten zu erhalten. Diskutieren Sie die stichwortartig notierten Lösungsansätze und entwickeln Sie gemeinsam eine Lösung für die diskutierte Situation. An dieser Stelle stehen im Seminar PERLE das Erlernen von Grundregeln existentieller Kommunikation, das Training der Dialogkompetenz und der Vernetzungskompetenz im Mittelpunkt. Diese Kompetenzen werden einerseits durch persönliche Gespräche als auch durch das Führen fiktiver Dialoge geschult und gestärkt.

Was hat PERLE mit dem Übergang zu tun?

Der Ansatz ist simpel, aber effektiv: Durch die intensive Arbeit an der eigenen Biografie setzen sich die pädagogischen Fachkräfte und Lehrkräfte aller beteiligten Einrichtungen immer wieder mit existentiellen Themen und den gemeinsamen Werten auseinander. Ganz schnell wurde in Walsrode z. B. Folgendes klar: „Es geht uns allen um die Kinder in unserer Stadt. Hier steht jedes einzelne Kind mit seiner Bildungsbiografie im Mittelpunkt", so eine Teilnehmerin. Sowohl im Rahmen der Schulung als auch in informellen Gesprächen am Rande tauschten sich Erzieherinnen und Erzieher sowie Lehrkräfte auf gleicher Ebene über die einzelnen Kinder aus. Sie besprachen sich über Maßnahmen, die bereits vor der Einschulung gemeinsam getroffen werden können – und durften dabei auch die eigenen Sorgen und Ängste mit in das Gespräch einfließen lassen. Aufgrund der Dauer des Projektes über ein Jahr hinweg und die darauf folgende Supervisionsphase, die sich über ein halbes Jahr erstreckte, wurde ein nachhaltiges Netzwerk gestrickt, das gemeinsam an einem Strang zieht, damit der Übergang für jedes Kind, für jede Familie gelingt. Seit August 2016 nimmt das PERLE-Projekt in Walsrode am Bundesprogramm „Qualität vor Ort" der Deutschen Kinder- und Jugendstiftung als Netzwerk teil.[51] In einem Interview erzählt der Initiator des PERLE-Projektes Wolfgang Puschmann, welche Veränderungen und Effekte er sich erhofft:

Herr Puschmann, Sie sind Kommunalpolitiker und ehemaliger schulfachlicher Dezernent in der Bildungsregion Heidekreis. Was hat Sie bewogen, sich für das Projekt PERLE in Walsrode einzusetzen?

Wolfgang Puschmann: Als ehemaliger Dezernent der Landesschulbehörde und langjähriger Fortbildner habe ich die Erfahrung gemacht – ohne, dass ich es empirisch belegen könnte – , dass Fortbildungen herkömmlicher Art nur wenig Veränderungen bewirkt haben. Diethelm Wahl zitiert in seinem Buch „Lernumgebungen erfolgreich gestalten" (Bad Heilbrunn 2006) Wolfgang Mutzek. Ihm fiel auf, dass „nur wenige Lehrer ihre in der Veranstaltung erarbeiteten und selbst als problemlösend bezeichneten Verhaltensweisen ganz oder nur zum Teil in den Schulalltag umgesetzt hatten" (Mutzeck 1988, S. 11). Eigene Beobachtungen vor Ort zeigten ihm, dass in der Zusammenarbeit der Grundschulen und der Kindertagesstätten vieles zwar „abgearbeitet" wurde, aber in Gesprächen mit Lehrkräften Erzieherinnen und auch Eltern zeigte sich, dass weiterer Bedarf bestand, den Übergang von der Kita in die Grundschule „zu verbessern". Daher haben wir mit den Lehrkräften und den Erzieherinnen eine Fortbildung konzipiert, die nachhaltig sein sollte. In den vorbereitenden Gesprächen wurde deutlich, dass wir das Wort von der „Wichtigkeit des Anfanges" ernst nehmen wollten, so wurde die gemeinsame Fortbildung zunächst für Erzieherinnen aus den Kindertagesstätten und Lehrkräften aus den Grundschulen konzipiert.

Was bedeutet der Übergang Kita – Grundschule für Sie?

Wolfgang Puschmann: Im Übergang von der Kindertagesstätte in die Grundschule gab und gibt es immer noch Brüche und Verwerfungen. Es ist aus meiner Sicht wichtig, dass es gelingt, die „Ausbildung" der Kinder möglichst nahtlos zu gestalten. Dafür ist es notwendig, dass die handelnden Personen auf Augenhöhe miteinander sprechen und arbeiten. Hier war der erste Ansatzpunkt für das Konzept der Fortbildung. Die Grundschule muss die Grundlagen der Kindertagesstätte weiterführen und die Kindertagestätte muss mit der Grundschule so deutlich kommunizieren, dass daraus ein gemeinsames Handeln für das Wohl des Kindes wird. An dieser Stelle ist die Einbeziehung der Eltern von entscheidender Bedeutung, denn es müssen alle drei Beteiligten (Eltern, Erzieherinnen, Lehrkräfte) diesen Weg gemeinsam gehen.

Welchen Mehr-Wert bringt das Projekt PERLE für alle Beteiligten?

Wolfgang Puschmann: Es geht nicht darum, die handelnden Personen in ihrer Funktionalität zu stärken, sondern es geht darum, sie in ihrer Personalität zu stärken, in ihrer Persönlichkeit zu „verändern“. Das zweifellos vorhandene Wissen muss über die Wichtigkeit des Übergangs auch im täglichen Handeln sichtbar werden. Es geht nicht um das Abarbeiten vorgegebener Wege oder Strukturen, sondern um das Verändern des Handelns. Eine solche Veränderung bedarf Zeit und Trainingsmöglichkeiten. Daher wird der PERLE-Kurs über 1,5 Jahre konzipiert und bedarf von der Leitung her ein sehr großes Einfühlungsvermögen. Es geht um eine Veränderung des Handelns von Menschen. Es geht darum, die stabilen handlungsleitenden, subjektiven Theorien eines jeden Einzelnen zu verändern. Dazu ist es notwendig, den handelnden Personen handlungsleitende Strukturen bewusst zu machen, damit sie bearbeitbar werden. Erst wenn das gelungen ist, können neue handlungsleitende Strukturen angeboten werden, die dann die vorherigen ersetzen können. Diese müssen aber eingeübt und trainiert werden, damit sie letztendlich automatisiert werden.

Denken Sie an PERLE in zehn Jahren: Welche Vision haben Sie hier?

Wolfgang Puschmann: Ich hoffe, dass es in zehn Jahren gelungen sein wird, diesen Ansatz der Fortbildung als erfolgreich zu bewerten. Ich wünsche mir, dass es gelingen möge, alle handelnden Personen in den Kindertagesstätten und Grundschulen in dem oben skizzierten Sinne fortzubilden, sodass dann die Kinder – und nur um die geht es letztendlich – einen guten und erfolgreichen Einstieg in ihre schulische Laufbahn, in ihr Leben erhalten. Die skizzierte Übergangsproblematik stellt sich nicht nur bei dem Übergang von der Kindertagesstätte in die Grundschulen, sondern bei allen Übergängen, also auch beim Übergang von der Grundschule in den Sekundarbereich I. Hier wäre es mein großer Wunsch, auch dort eine derartige Fortbildung / Weiterbildung etablieren zu können, damit insbesondere auch dieser Übergang für die Kinder weniger belastend sein wird.

EXKURS 3

Werte und Erziehungspartnerschaft mit Eltern

Wie gelingt eine Erziehungspartnerschaft? Wenn Fachkräfte und Eltern gemeinsam die Entwicklung eines Kindes im Blick behalten und sich darin gegenseitig unterstützen, ist bereits viel gewonnen. Noch besser ist es, wenn sie das Kind mit einbeziehen.

Die „Pflege und Erziehung der Kinder sind das natürliche Recht der Eltern und die zuvörderst ihnen obliegende Pflicht.", so steht es in Artikel 6, Absatz 2 des Grundgesetzes.

Sie als pädagogische Fachkraft oder Lehrkraft teilen sich, währenddessen die Ihnen anvertrauten Kinder Kita oder Grundschule besuchen, diese Aufgabe mit den Eltern. Deshalb spricht man von dem gemeinsamen „Erziehungs- und Bildungsauftrag zwischen Kita, Schule und Elternhaus". Es geht darum, gemeinsam für das Wohl des Kindes zu arbeiten.

Ein regelmäßiger Austausch zwischen Elternhaus, Kita und Grundschule steht vielerorts auf der Tagesordnung. Die Fachkräfte in Kita und Grundschule fragen sich:

- Was ist uns in der Erziehungspartnerschaft wichtig?
- Wo können wir zusammen jedes einzelne Kind fördern und fordern?
- Wie zeigt sich das Kind Zuhause, in der Einrichtung, und wie kann man diesem Verhalten effizient begegnen bzw. es darin bestärken?
- Was ist zum jetzigen Zeitpunkt wichtig?
- Wann tauschen wir uns über das einzelne Kind aus und mit welchem Ziel?

Wir wissen von dem amerikanischen Sozialisationsforscher Urie Bronfenbrenner um die Bedeutung der Systemübergänge im Leben von Kindern und Jugendlichen. Kommt ein Kind aus der Kita heraus und in der Schule gut an, wird es ziemlich sicher im neuen Umfeld einen Entwicklungsschub machen. Gelingt der Übergang nicht, wird es sich in der Schule nicht wohlfühlen und seine Leistungsfähigkeit nicht entfalten können. Eine besondere Bedeutung haben hier die Übergänge von der Primar- in die Sekundarschule bzw. weiterführende Schule. Gerade viele schwache Schülerinnen und Schüler, die im Klassenlehrersystem der Grundschule noch einigermaßen gestützt werden konnten, brechen beim Übergang in die weiterführende Schule „weg". In diesen Übergangsphasen, aber nicht nur dort, spielen Eltern eine herausragende Rolle, weil die sog. „doppelten Übergänge" (die durch Eltern oder andere Vertrauenspersonen der Kinder begleiteten) laut Bronfenbrenner erfolgreicher sind.

Willkommenskultur für Eltern stärkt Kinder

Schulen könnten an diesem Gedanken ganz konkret anknüpfen und überlegen, wie Eltern mit in die neue Schule aufgenommen werden können. Denn manche Eltern haben von Anfang an keine Beziehung zur Schule und tauchen nie dort auf. Wenn sie aber von Anfang an spüren, dass sie willkommen sind – auch dann, wenn ihre Ressourcen zur Begleitung des Kindes hinsichtlich der Leistungsanforderungen eingeschränkt sind – wird sie das enorm bestärken, selbst das Beste für Schule und Unterricht zu wollen. Immer mehr Schulen machen sich auf den Weg, eine solche Willkommenskultur aufzubauen. Dazu gehören zum Beispiel:

- Begrüßungsfeiern für die neuen Familien mit Begrüßungs- / Willkommensgesprächen,
- „Come together-Abende" in den Klassen,
- informelle Kontaktmöglichkeiten wie Elternstammtisch, Elterncafé, Elternbibliothek usw.,
- schön gestaltete Info-Mappen als „Begrüßungspaket",
- Elternmentoren, Bildungslotsen.

Einer der wenigen Wissenschaftler in Deutschland, der zu Elternmitarbeit geforscht hat, ist Werner Sacher. Er weist darauf hin, dass die vielzitierte „Augenhöhe" zwischen Eltern und Pädagogen nicht das Maß aller Dinge ist. Vielmehr sollten sich Fachkräfte und Eltern darin einig werden, dass sie gemeinsam die Persönlichkeitsentwicklung des Kindes im Blick behalten möchten und dies vor dem Hintergrund ihrer jeweiligen Rollen und Aufgaben tun. Sich darüber und mit dem Kind auszutauschen, sind nach seinen Forschungsergebnissen die entscheidenden Parameter für eine Erziehungspartnerschaft, die ihren Namen verdient. Kinder erleben es als authentisch und konsequent, wenn Elternhaus und Einrichtung an einem Strang ziehen. Laut einer Studie der Universität Nürnberg-Erlangen allerdings nur dort, wo die Zusammenarbeit nicht am Kind vorbei läuft; sonst, so das interessante Resultat, lehnen Kinder die Zusammenarbeit eher ab.[52] Es geht also um eine gelingende Dreiecksbeziehung zwischen Kind, Eltern und Schule. Wenn diese gut und vor allem ressourcenorientiert gelingt, dann fühlt sich jeder Beteiligte wertgeschätzt: Die Erzieherin / Lehrerin sieht sich in ihrer pädagogischen Kompetenz anerkannt, die Eltern fühlen sich nicht „lästig", sondern als echte Partnerinnen und Partner, das Kind fühlt sich gut eingebunden und bestärkt.

Die Türen stehen offen

Öffnen können sich alle Einrichtungen, sowohl in der Haltung aller Beteiligten als auch räumlich, etwa durch Elterncafés oder durch Sitzgelegenheiten im Eingangsbereich oder in den Fluren. Hier können sich Eltern aufhalten und austauschen. Im Eingangsbereich sollte sich eine Infotafel befinden, auf der alle in der Einrichtung / Schule beteiligten Personen kurz vorgestellt werden, am besten mit einem Bild zur Person. Auch wichtige Mitteilungen sollten hier auf den ersten Blick zu finden sein.

Dazu ein Tipp: Einen spontanen Gesprächsanlass bieten etwa digitale Bilderrahmen, die im Eingangsbereich oder vor dem Raum hängen, der für Eltern eingerichtet wurde. Hier werden die „Bilder des Tages" aufgespielt und bringen groß und klein in Kommunikation miteinander.

Zu einer offenen Schule bzw. Kita gehört auch, dass die Türen offen stehen und Offenheit zum Prinzip wird. Dies symbolisiert ein Willkommenheißen von Gästen und eine Haltung, nichts „verbergen zu müssen". Dieses Symbol der offenen Türen traut nicht zuletzt Kindern zu, sich – im Rahmen der Aufsichtsverpflichtung –

Wo ein Wille ist, ist auch ein Weg: Ein Angebot für Eltern und Gäste der Schule, Platz zu nehmen

frei in „ihrem" Gebäude bewegen zu können. Dies ist schließlich der Ort, an dem sie einen Großteil ihrer Zeit verbringen. Und was ist, wenn sich am Eingang der Schule Schilder befinden, die vorsehen, dass die Kinder ab hier allein gehen? Werden Eltern dann „ausgesperrt"? Diese Hinweise sind differenziert zu betrachten. Der Schulleiter Patrick Schnüttgen, Schulleiter der Grundschule St. Ursula in Lüneburg, erläutert in einem Gespräch mit Alexandra von Plüskow: „Die Schilder ‚Ab hier gehen wir allein!' bedeuten nicht, dass Eltern in der Schule unerwünscht sind. Sie heißen vielmehr, dass Eltern die Schule aufgrund der räumlichen Voraussetzungen ausschließlich mit einem ‚Anliegen' betreten sollten. Das heißt etwa, dass sie etwas im Sekretariat zu erledigen haben oder die Schule ehrenamtlich unterstützen. Sie sollten jedoch nicht die Kinder bis zum Klassenraum bringen und ihnen beim Aus- und Anziehen behilflich sein. Das hat pädagogische Gründe. Die Lehrkräfte möchten sich in ihrer Tätigkeit voll und ganz auf die Anliegen der Kinder konzentrieren, was nicht in dieser Form möglich ist, wenn sie gleichzeitig auf Eltern im Schulgebäude eingehen sollen."[53]

Anstatt Tür- und Angelgespräche zu führen, legen manche Schulen inzwischen Wert auf feste Sprechzeiten der Lehrkräfte, sei es in persönlicher Form oder auch per Telefon. Zusammengefasst: Dass die Kinder sich allein und eigenständig im Schulhaus bewegen sollen, ist nicht gegen Eltern gerichtet, sondern fördert die Selbstständigkeit und Eigenverantwortung der Kinder. Die meisten Kinder empfinden dies als angenehm und schöpfen daraus Selbstbewusstsein.

Ein Traum bleibt das offene Schulhaus dennoch, so Patrick Schnüttgen. Er sagt: „Meine Idealvorstellung wäre ein Eingangsbereich, der nicht gleichzeitig Durchgang für die Kinder ist und Ort, um die Schuhe anzuziehen. In diesem Bereich sollten Tische und Stühle stehen, wo sich die Eltern hinsetzen und sich unterhalten können, etwa in Form eines Eltern-Cafés. Wenn eine Lehrkraft Zeit hat oder auch ein Mitglied der Schulleitung, dann kann sich derjenige oder diejenige dazusetzen. Das könnte viele Diskussionen, die vor der Tür geführt werden, in eine gute Richtung lenken. Leider scheitert diese Vorstellung in vielen Einrichtungen an den baulichen Voraussetzungen."

Ehrenamt: wertvolle Zeit für alle

Sowohl in der Kindertagesstätte als auch in der Grundschule gehören Elternabende zum festen Repertoire. In diesem Rahmen wird über die Gruppe an sich gesprochen und Verabredungen für das Leben und Arbeiten in dieser mit den Eltern abgestimmt. Auch das Planen von Ausflügen und Informationen über die Arbeit in der Einrichtung findet hier statt. Öffnung von Kita und Grundschule bedeutet aber in der Regel mehr als die häufig immer noch sehr formalen Abläufe dieser Elternabende, die zudem von den allermeisten Eltern eher als leidige Pflicht statt als willkommene Gelegenheit zum Austausch gesehen werden. Öffnung nach außen bedeutet, Eltern und Großeltern wird innerhalb der Institutionen die Möglichkeit zur Hospitation und Mitarbeit gegeben und aktiv angeboten. Die Mitarbeiterinnen und Mitarbeiter der Institutionen sollten vorab sorgfältig überlegen, in welcher Form eine Mitarbeit von Eltern bzw. Großeltern innerhalb der jeweiligen Einrichtung sinnvoll und produktiv ist.[54] Dazu ein Hinweis: Innerhalb der rechtlichen Gegebenheiten, sind dem Engagement von Eltern grundsätzlich keine Grenzen gesetzt. Sollten Unsicherheiten bestehen, so können sich die Leitungen entweder beim Träger der Einrichtung oder auch bei der zuständigen Schulbehörde rückversichern.Die zusätzliche Zeit, die Eltern durch ihr Ehrenamt in Einrichtungen bringen, ist in vielerlei Hinsicht wertvoll. So signalisieren Eltern sowohl den Kindern als auch dem Kita- und Schulpersonal, dass sie interessiert sind an dem, was in der Einrichtung geschieht. Es ist ihnen nicht egal, was dort wie abläuft, sondern sie sind bereit, zum Wohle der Kinder mitzuwirken. Sie zeigen ihre Offenheit – und im besten Fall erweisen sich auch die Mitarbeiterinnen und Mitarbeiter als ebenso offen und aufgeschlossen für äußere Impulse. Hierzu einige positive Beispiele aus der Praxis:

Beispiel Vorlesen: Förderung von Literacy

Im Kindergarten „Sonnenblume" wird eine Mutter oder ein Vater gesucht, die oder der den Kindern regelmäßig etwas vorliest. Diese Vorlesezeit sollte am besten an jedem Montagvormittag stattfinden. Herr Walters, ein Vater, der seine Arbeit nachmittags beginnt, möchte diese Aufgabe gern wahrnehmen. Er sucht in Absprache mit den pädagogischen Fachkräften wöchentlich ein Bilderbuch aus, das er in der Bibliothek des Kindergartens vorlesen möchte. Für ihn selbst sind die Sequenzen kurz und überschaubar, die Vorbereitung ist ebenfalls ohne größeren Aufwand zu erledigen. Die Vorteile dieses ehrenamtlichen Engagements sind mannigfaltig:

- durch das regelmäßige Vorlesen wird die Literacy der Kinder weiter gefördert,
- sie entwickeln ein größeres Leseverstehen,
- sie lernen neue Bilderbücher kennen und sprechen über diese,
- sie kommen in den Genuss des Vorlesens; für manche Kinder bedeutet dies eine Ruheoase,
- die sprachliche Bildung der Kinder wird vertieft,
- die Kinder lernen, genau zuzuhören,

„Elternarbeit – Schulklima des Willkommenseins"

Die Familie ist Lernort Nummer Eins. PISA-Begleitstudien haben gezeigt, dass der Einfluss des Elternhauses im Bereich Lesekompetenz, Mathematik und Naturwissenschaften doppelt so stark ist wie die der Institution Schule. (...) Ein intensiver, vertrauensvoller Informationsaustausch zwischen Schule und Elternhaus führt zu transparenten Zielvorstellungen. Das Wissen um Einflussfaktoren im Umfeld der Kinder ist basisbildend für das Handeln des Lehrers im Unterricht. Neben Gesprächen bei Sprechstunden und Elternabenden vereinbart die Lehrkraft des Kindes mit den Eltern informelle Kommunikationsformen, z. B. Anrufe, Hausbesuche, E-Mails, o. Ä.
Wir legen Wert auf einen regelmäßigen Informationsaustausch, der nicht nur in Problemsituationen stattfindet, sondern auch die positiven Lernfortschritte des Kindes in den Fokus nimmt. Konkret verabredete Zusammenarbeit und Zielsetzungen führen zu einer intensiven Unterstützung der Kinder im schulischen und häuslichen Lernen. Lernentwicklungsgespräche und -berichte helfen den Eltern, einen Überblick zu bekommen, wie und wann sie ihre Kinder gezielt unterstützen können.

(Quelle: Homepage der Schwanenschule in Wermelskirchen[55])

Katrin Wagner, die Schulleiterin der Grundschule mit dem schönen Namen „Schwanenschule"[55], legt großen Wert auf eine kontinuierliche und vertrauensvolle Zusammenarbeit mit Müttern und Vätern. Jede Lehrkraft spricht mit den Eltern der Kinder in der Klasse ab, wie man sich am besten individuell erreicht. Manche Lehrkräfte kommunizieren lieber über E-Mail, andere richten private Telefonzeiten ein. Diese enge Elternarbeit beginnt bereits vor der Schule, wenn reguläre Lehrkräfte und Sonderpädagogen die Kinder in den Kitas besuchen. Umfangreiche Erstgespräche von 1,5 Stunden (bei Bedarf mit Unterstützung eines Dolmetschers) legen einen weiteren Grundstein dafür, dass Eltern und Schule über die Entwicklung jedes Kindes eng miteinander kooperieren. Fremdsprachige Eltern erhalten einen persönlichen Ansprechpartner aus der Elternschaft, der hilft, wenn die Verständigung auf Deutsch noch schwierig ist.

- die pädagogischen Fachkräfte arbeiten zu derselben Zeit mit weniger Kindern,
- Herr Walters erfährt die Wertschätzung vonseiten der Kinder, des Kita-Personals und der anderen Eltern für sein ehrenamtliches Engagement.

Beispiel Schulgarten: gemeinsam gärtnern

An einer ländlich gelegenen Grundschule in Rheinland-Pfalz ist der Kollegin Frau Winter die Obhut des Schulgartens übertragen worden. Im Rahmen einer Arbeitsgemeinschaft soll sie diesen pflegen und im Blick behalten, dass alle Klassen, die ein Beet in diesem Garten bewirtschaften, ihrer Aufgabe nachkommen. Frau Winter steht dieser Tätigkeit nicht abgeneigt gegenüber, sie ist nur zum jetzigen Zeitpunkt noch nicht so bewandert im praktischen Gärtnern. Sie weiß aber, dass in ihrer Klasse eine Mutter ist, die eine Ausbildung als Gärtnerin

Mr. Fowler hilft Tom

In Ländern wie Großbritannien oder den USA ist die Mitarbeit von Eltern oder Großeltern durchaus erwünscht, und zwar schon lange. Insbesondere in den „early excellence centern", die auch in Deutschland zum Vorbild für den Elementarbereich geworden sind, spricht man von „parental involvement", „parent involvement" oder auch „family-school partnership". *Dazu ein Beispiel:* Tom, ein Junge aus Nigeria, war frisch an diese Schule, an der ich hospitierte, eingeschult worden. Er war schüchtern und sprach kein Wort Englisch. Man merkte ihm die Unsicherheit an. Zunächst täglich, später dann alle zwei Tage bis ein Mal pro Woche kam zu Toms Unterstützung der Großvater von Lucy in die Schule, Mr. Fowler. Erst las er dem Jungen einfache Bilderbuchgeschichten vor. Später erzählten sich die beiden vom Wochenende oder sie lasen kleine Geschichten zusammen. Mr. Fowler war früher Grundschullehrer gewesen. Er hatte Lust und Zeit, Tom zu unterstützen. Sein Dank war Toms Lächeln, mit dem er seinen Lese-Opa begrüßte – und natürlich der sprachliche Erfolg, der sich von Mal zu Mal mehr einstellte.

absolviert hat. Deshalb spricht sie diese, in Absprache mit ihrer Schulleiterin, an und bittet sie darum, ihre Expertise in das Schulgarten-Projekt mit einfließen zu lassen. Frau Simon, die Mutter, ist begeistert. Sie hat zufälligerweise freitags in der fünften Stunde Zeit und möchte bei jedem zweiten Termin dabei sein. Somit haben alle Beteiligten einen Vorteil:

- die Schule verfügt über einen professionell geplanten und gepflegten Schulgarten,
- Frau Winter lernt unter Anleitung von Frau Simon einige Dinge über das Gärtnern, die sie im weiteren Verlauf der Schulgarten-Arbeitsgemeinschaft weiterhin anwenden kann,
- die Kinder lernen, mit anderen Bezugspersonen zusammenzuarbeiten,
- Frau Simon kann ihre Kenntnisse anbringen und erfährt die Wertschätzung im nachhaltigen Ehrenamt.

Beispiel Erste-Hilfe-Kurs: ein Renner

Frau Felix ist Mutter von zwei Kindern, die eine Grundschule im Münsterland besuchen und dort jeweils im ersten und dritten Schuljahr sind. Sie ist Rettungsärztin und verfügt über Übungsmaterial für Kinder. So etwa über Puppen zum Üben der Reanimation. Sie schlägt dem Schulleiter Herrn Borchers vor, einmal im Jahr einen Erste-Hilfe-Kurs für alle Kinder der Schule anzubieten. Dieser umfasst je eine Schulstunde. Die Grundschule ist dreizügig. Sie benötigt dafür also drei Schultage.

Diese Erste-Hilfe-Kurse sind der Renner bei den Kindern – und auch bei den Lehrkräften. Ganz spielerisch und mithilfe moderner Methoden bringt Frau Felix den Kindern die wichtige Thematik nahe.

Herr Borchers wird angesichts dieser Begeisterung nach einiger Zeit nachdenklich: Was geschieht wohl, wenn die Kinder von Frau Felix die Schule nicht mehr besuchen werden? Zum Glück: Immer noch, inzwischen sechs Jahre nach dem ersten Kurs, nimmt sich Frau Felix die drei Schultage Zeit, um alle Kindern der Grundschule nach wie vor in die lebensrettenden Maßnahmen einzuweisen.

EXKURS 4

Konfliktgespräche führen und Werte vertreten

Sich gegen die Meinung anderer zu positionieren, wird zwar vielfach gefordert, fällt aber den meisten Menschen nicht leicht. Doch jeder kann üben, hier ein wenig sicherer und routinierter zu agieren – und dadurch geschätzt und geachtet zu werden.

Die Theorie der Schweigespirale, die wir in der Einleitung zu diesem Buch beschrieben haben (**S. 9 ff.**), stellt an jeden Einzelnen die Aufforderung, sich auch dann einem Diskurs zu stellen, wenn die Gesprächssituation eher ungemütlich zu werden verspricht. Wer sich hier lieber zurückhält, übersieht jedoch den ganz eigenen Wert von Konflikten und den Wert von Auseinandersetzungen. Es ist ein bedeutendes Zeichen von Wertschätzung, wenn sich Erzieherinnen und Lehrerinnen in Leitungspositionen eines Konfliktes annehmen. Sie kommen im Laufe ihrer Berufsjahre hin und wieder in Situationen, in denen sie sich Kritik stellen müssen, die pädagogische Ausrichtung von Kita oder Schule neu justieren möchten oder müssen, ein Konflikt verhandelt oder ein grundsätzlicher Wertediskurs geführt werden soll. Über Sinn und Zweck von Hausaufgaben wird z. B. seit Jahrzehnten immer wieder diskutiert.

Nehmen wir an, auch Sie als Schulleitung möchten auf Hausaufgaben verzichten, weil sie immer deutlicher erkennen, dass die Bildungssoziologin Jutta Allmendinger, Präsidentin des Berliner Wissenschaftszentrums für Sozialforschung, Recht hat, wenn sie fordert, Hausaufgaben ganz abzuschaffen. Ihre durch Studien abgesicherte Begründung lautet: Hausaufgaben zementierten die soziale Ungerechtigkeit unter den Kindern. Ein Teil der Eltern hätte nun einmal nicht die Möglichkeiten, ihren Kindern zu helfen. Das sehen Sie genauso und möchten Ihre Kolleginnen und Kollegen ebenso wie die Eltern bewegen, sich sehr konkret damit zu befassen: Sie stellen den Sinn und Wert von Hausaufgaben zu Disposition. Im Sinne der Chancen- und Bildungsgerechtigkeit schlagen Sie Ihrem Kollegium vor, sich auf den langen Weg zu machen, das Unterrichtskonzept so umzustellen, dass Hausaufgaben überflüssig werden. Ein Teil des Kollegiums folgt Ihren Überlegungen, ein anderer Teil ist vehement dagegen, und auch unter den Eltern entbrennt ein Streit. Wenn Sie Ihr Ziel erreichen möchten, kommen Sie ohne gewisse rhetorische Kompetenzen beim Vermitteln Ihrer Überzeugung, dass das Bemühen um Chancen- und Bildungsgerechtigkeit auch Aufgabe der Schule ist, nicht aus.

Die meisten Menschen sehen kontroversen Debatten und Konfliktgesprächen mit Unbehagen entgegen. Sie haben hohe Ansprüche an sich, dabei ist das professionelle Führen kontroverser Gespräche eine anspruchsvolle und komplexe Höchstleitung. Und: Konflikte müssen nicht unbedingt gelöst werden! Sie haben einen eigenen Wert, weil sie zu Auseinandersetzung aufrufen, eine neue Dynamik entfachen und die vielgeliebte Harmonie durchrütteln. Konflikte dürfen bestehen bleiben, es geht vielmehr darum, dass sich die engagierten Vertreter der einen oder anderen Seite gegenseitig verständlich machen können. Dafür sollte Raum und Zeit frei gemacht werden.

Aus den Erfahrungen als Seminarleiterinnen habe ich (I. Michels) eine Quintessenz zusammengestellt, die Ihnen hilft, beim Aushandeln von Haltungen und Positionen souverän zu bleiben. Aus einem guten, souveränen Gefühl lässt sich – so abgegriffen die Formulierung auch ist – die Chance einer Krise, eines Konfliktes erkennen. Die folgenden Anregungen sind kein Leitfaden, sondern bieten Tools, Handwerkszeug an, welches Sie ausprobieren, stärken oder üben können.

Das Prinzip der 5 Schlüssel für anspruchsvolle Gespräche[56]

In Konfliktgesprächen geht es darum, das Bedürfnis des anderen hinter einem Konflikt zu erfassen und das eigene Interesse ohne Abwertung des anderen verständlich auszuführen. Pädagogische Fachkräfte in Führungspositionen tragen die Verantwortung für die Gesprächsführung und die Gesprächsatmosphäre. Das Prinzip der „5 Schlüssel" zeigt, worauf es bei Ihrer Rhetorik ankommt.

1. Schlüssel (Gute-Stimmung-Schlüssel)
Gesprächseröffnung (freundlich, offen), Gesprächsabschluss (mit positiver Perspektive)

Checkliste

Vor dem Gespräch

1. Ein kritisches Gespräch sollte möglichst rasch nach einem Anlass terminiert sein, damit der Eindruck bei beiden Gesprächsteilnehmerinnen noch „frisch" ist.
2. Sagen Sie bereits bei der Terminierung, worum es Ihnen geht. Lassen Sie sich jedoch auf keine Diskussion ein. Verweisen Sie freundlich auf den Termin.
3. Nehmen Sie sich Zeit, aber terminieren Sie das Ende des Gespräches und kommunizieren Sie dies.
4. Bereiten Sie sich vor, indem Sie sich Stichworte auf einer Karteikarte notieren. Diese darf sichtbar vor Ihnen liegen. Das ist ein Zeichen von guter Vorbereitung und Souveränität.
5. Achten Sie auf eine einladende und bei aller Dissonanz wertschätzende Atmosphäre. Bieten Sie ein Glas Wasser/Saft oder eine Tasse Kaffee/Tee an.

Während des Gesprächs

1. Seien Sie im Gespräch so konkret wie möglich und nennen Sie den Anlass für den Termin.
2. Hören Sie von Anfang an aufmerksam zu. Unterstreichen Sie Ihre Aufmerksamkeit, indem Sie hin und wieder zusammenfassen, was Sie verstehen.
3. Wenn der Konflikt auf Sie schwammig wirkt und nicht recht zu greifen ist, dann verwenden Sie Zeit darauf, herauszufinden, was der Kern eines Konfliktes ist. Hinter vehementer Abwehr stecken oft Angst und Unsicherheit. Vielleicht erfahren Sie dadurch, dass die Kollegin grundsätzlich Veränderungen fürchtet, oder Sie verstehen, dass Sie

2. Schlüssel (Strategie-Schlüssel)
Vier Strategien zur Gesprächsführung:

- Kontrast („Gerade weil …"),
- Bedingtes Zustimmen („Das sehe ich ähnlich, nur …"),
- Weg der Sachlichkeit („Worum geht es Ihnen? Was meinen Sie genau mit …?"),
- Empathie senden („Das ist sicher nicht leicht; ich verstehe, wenn Sie manchmal ungeduldig werden …").

sich sorgt, ohne Hausaufgaben nicht gut unterrichten zu können, weil sie noch keine Konzepte ausprobiert hat, vertiefende Übungseinheiten in den Unterricht zu integrieren.

4. Verwenden Sie Zeit darauf, herauszufinden, ob es dieses oder ein anderes persönliches Interesse ist, das es der Gesprächspartnerin nicht ermöglicht, sich auf Ihr wertebezogenes Anliegen „Reduzierung von Ungerechtigkeit" einzulassen.
5. Unterbrechen Sie nicht, wenn Ihre Gesprächspartnerin beginnt, sich zu rechtfertigen; auch dann nicht, wenn sie beginnt, Ihnen Vorwürfe zu machen. Hören Sie in Ruhe zu. Verbitten Sie sich einen unangemessenen Ton. Fassen Sie anschließend etwa so nach: „Aha, aus diesen Gründen sind Sie zu der Überzeugung gekommen, ..."
6. Verzichten Sie selbst darauf, sich zu rechtfertigen. Das macht Sie angreifbar. Eine sachliche Erläuterung für Ihre Entscheidung kann hilfreich sein. Erläutern Sie noch einmal, dass der Verzicht auf Hausaufgaben in einem größeren Wertekontext zu sehen ist, der als Reaktion auf die gesellschaftlichen Veränderungen und die Vielfalt in den Elternhäusern der Kinder seine Gründe und Berechtigung hat.
7. Fragen Sie immer nach, wenn Ihnen etwas unklar ist: „Ich habe von Ihnen gehört, dass Sie den wissenschaftlichen Studien keinen Glauben schenken, aber ich verstehe nicht, warum Sie den Erfahrungen der Kollegen in der Hospitationsschule nicht trauen."
8. Stellen Sie die unterschiedlichen Meinungen nebeneinander: „Aus Ihrer Sicht ist es so, dass ... Aus meiner Sicht sehe ich es so, dass ..."
9. Eine zu kritisierende Person hört nicht gern Vorschläge. Sie kommen weiter, wenn Sie diese anders formulieren, z. B. so: „Was müsste geschehen, damit Sie sich auf die Pilotphase einlassen können?" Das ist ein guter Weg der Versachlichung und bringt Ihre Gesprächspartnerin dazu, kreativer zu denken. Auch für Sie selbst können sich hier Anhaltspunkte ergeben, wie Sie den Interessen Ihrer Gesprächspartnerin entgegenkommen können.

Zum Abschluss des Gesprächs

1. Beenden Sie das Gespräch mit einer konkreten Vereinbarung.
2. Bemühen Sie sich um Wertschätzung: Sagen Sie z. B., dass Sie trotz der Differenzen froh sind, dass Frau XYZ so engagiert unterrichtet und ihre Klasse bei den Vergleichsarbeiten so gut abgeschnitten hat.

TIPP: Haben Sie nicht den Anspruch, den Konflikt zu lösen und sich in oder nach einem Konfliktgespräch 100-prozentig zufrieden zu fühlen. Ein solches Gespräch ist für jeden (und immer wieder neu) eine Stress-Situation. Es geht darum, diese angemessen und professionell zu bewältigen und das „Tischtuch der Gesprächsbereitschaft nicht zu zerschneiden".

3. Schlüssel (Frage-Schlüssel)

Drei Vorteile einer fragenden Gesprächsführung:

- Fragen signalisieren Interesse, sie sind Gesprächsöffner.
- Im günstigsten Fall entwickelt sich ein wertschätzendes Gespräch (in jedem Fall wertvoll, unabhängig vom Ergebnis).
- Durch Fragen gewinnen Sie Zeit (um eigene Gedanken und Emotionen zu sortieren).

4. Schlüssel (Persönlicher Wirkungs-Schlüssel)

Vier Chancen, gut zu wirken:

- Ihre Stimme (möglichst ruhig, Pausen machen und aushalten)
- Ihr Blick (konzentriert)
- Ihre Kleidung (z. B. Jacket/Blazer wirken förmlich und unterstreichen Autorität)
- Ihre (Körper-)Haltung (aufrecht, ohne starr zu sein; Knie entspannt; Hände sichtbar; sparsame Gestik; nicht immer lächeln)

5. Schlüssel (Entlastungs-Schlüssel)
Wenn Sie sich stark gestresst fühlen und unter großem Druck stehen: Relativieren Sie die Bedeutung des Gespräches für sich selbst, z. B. mit diesen inneren Worten: „Es muss nicht alles in diesem einen Gespräch geklärt werden.", „Es gibt für alles eine 2. Chance.", „Später erhole ich mich von dem Gespräch, indem ich …", „Wer weiß, wie wir in einem Jahr darüber sprechen.", etc. Diese Gelassenheit nimmt bei den Gesprächspartnern den „Dampf aus dem Kessel".

TIPP: Üben Sie zunächst mit maximal zwei Schlüsseln, ergänzen Sie Ihr Repertoire nach und nach.

Nehmen wir an, es ist Ihnen gelungen, mehr und mehr Kollegen und Eltern für den Verzicht auf Hausaufgaben als Beitrag zur Chancen- und Bildungsgerechtigkeit zu gewinnen. Erreicht haben Sie das u. a.:

- durch Hospitation mit dem Kollegium an anderen Schulen, die die Hausaufgaben bereits abgeschafft haben, und damit guten Erfolg in der Leistungssteigerung schwächerer Schülerinnen und Schüler vorweisen können, ohne dass leistungsstarke Kinder nachgelassen hätten,
- durch den Vortrag eines Wissenschaftlers, der Studien erläutert, nach denen Hausaufgaben keinen spürbaren Lernzuwachs bringen,
- durch einen Lehrer-/Elternabend mit einem Schulpsychologen, der an vielen Beispielen illustriert, dass in sehr vielen Familien Hausaufgaben zu Streit und Tränen führen,
- durch die Vereinbarung eines Zeithorizontes von zwei Jahren bis zum Start einer ebenfalls zweijährigen Pilotphase,
- durch die Einrichtung einer vorbereitenden Arbeitsgruppe.

Der Kern der „Gegner" wird kleiner, aber massiver, und eine Kollegin wird zur Sprecherin der Pro-Hausaufgaben-Gruppe ernannt. Sie macht offen und verdeckt Stimmung gegen Sie. Nachdem Sie erfahren haben, dass die Kollegin Eltern davon abgeraten hat, Geschwisterkinder an der Schule anzumelden, weil „hier alles den Bach 'runter geht", kommen Sie nicht mehr darum herum, die Kollegin um ein Gespräch unter vier Augen zu bitten.

Wenn Sie sich an obenstehenden Hinweisen orientieren, hilft Ihnen das, souverän zu bleiben und Ihr Thema Chancen- und Bildungsgerechtigkeit für die Kinder ihrer Schule zu vertreten.

Zum Abschluss eine wahre Geschichte

Man erkennt an dieser improvisierten Geschichte über den Wert oder Unwert von Hausaufgaben, dass Konflikte einen Prozess brauchen, um verstanden und verhandelt zu werden. Die Augen dafür geöffnet hat uns das folgende Beispiel aus einer Gesamtschule in Bonn aus einer Zeit, als Inklusion in NRW noch nicht per Gesetz eingeführt worden war.

Der damalige Schulleiter versuchte vor etwa zehn Jahren mit mehreren Kolleginnen und Kollegen, Inklusion bzw. die Aufnahme behinderter Kinder einzuführen. Er war zutiefst davon überzeugt, dass gerade seine Schule keine Kinder ausschließen dürfe.

In den ersten Abstimmungen in Lehrer- und Schulkonferenz kassierte er eine Niederlage nach der anderen. Es gab Streit, heftige Worte fielen, das Kollegium drohte, sich zu teilen. Was tun? Der Schulleiter holte – immer unterstützt durch einen Teil des Kollegiums, insbesondere durch die damalige stellvertretende Schulleiterin – Lehrkräfte anderer Schulen ins Haus, die Konzepte des gemeinsamen Unterrichtens vorstellten. Sein Team organisierte für Eltern und Lehrer Workshops in der Schule, ein Arbeitskreis arbeitete schon einmal ein Konzept aus zur Aufnahme behinderter Kinder in nur einer 5. Klasse, Sonderpädagogen halfen mit. Das Konzept wurde vorgestellt, diskutiert, nachverhandelt. Mehrmals hospitierten die Befürworter und einige Unentschlossene in anderen „Inklusions-Schulen" und in Förderschulen. Erfüllt von dem, was sie dort an Möglichkeiten erlebten, nahm der Kreis der Unterstützer zu.

Nach zwei Jahren gab es eine erneute Abstimmungsrunde. Ergebnis: eine komfortable Mehrheit für Inklusion. Der Weg der Inklusion begann.

Aber: Die Schulleitung setzte auf Freiwilligkeit. Wer es sich nicht zutraute oder aus anderen Gründen Berührungsängste hatte, brauchte in den Inklusionsklassen, die langsam aufgebaut wurden, nicht zu unterrichten. Der Gedanke dahinter: Die Auseinandersetzungen um „Pro und Kontra Inklusion" sollten die Schulgemeinschaft nicht zerreißen. Mit kluger Gesprächsführung vermittelte das Inklusions-Team den Kolleginnen und Kollegen, dass es nicht darum ging, zu gewinnen, sondern dass es ihnen um einen wichtigen Wert für ihre Schule ging: Alle Kinder, unabhängig von Handicaps und sozialer Herkunft, sollten gemeinsam lernen dürfen. Dies war ihnen ein Konflikt mit jahrelanger Anstrengung wert.

Fazit: Selbst heute noch, über zehn Jahr später, gibt es – wenige – Lehrkräfte, die in den Inklusionsklassen höchstens eine Vertretungsstunde halten. Dessen ungeachtet, ist die Schule als Inklusionsschule bei Eltern so begehrt, dass sie sich Jahr für Jahr vor Anmeldungen nicht retten kann, und zwar – das freut den ehemaligen Schulleiter besonders – von vielen Eltern, deren Kinder eine Gymnasialempfehlung haben; weit mehr, als eine Gesamtschule in NRW vorweisen muss.

Ohne Träume verhungern Visionen.
Ohne Visionen gibt es keine kraftvollen Ziele.
Ohne kraftvolle Ziele hören wir auf,
bevor wir begonnen haben. *(Waldefried Pechtl)*

Schatzkiste

Buchempfehlungen, um mit Kindern ins Gespräch über Werte zu kommen

Kathryn Cave / Chris Riddell:
Irgendwie Anders.
Hamburg: Oetinger 1994.
Das Bilderbuch lässt Kinder nachfühlen, wie es ist, ein Außenseiter zu sein und wie gut es tut, einen Freund zu haben. Ohne erhobenen Zeigefinder machen die Autoren gleichzeitig darauf aufmerksam, wie leicht man sich dazu verführen lässt, andere abzuwerten.

Maritgen Matter:
Ein Schaf fürs Leben.
Hamburg: Oetinger 2003.
Ein hungriger Wolf, ein etwas naives Schaf – und eine ungewöhnliche Geschichte über Freundschaft und Vertrauen.

Christina Butler:
Der kleine Igel und die rote Mütze.
Gießen: Brunnen 2017[14].
Eine kurze Weihnachtsgeschichte über Fürsorge und den Wert von Geschenken.

Kirsten Boie:
Der kleine Pirat.
Hamburg: Oetinger Verlag 2012.
Der kleine Pirat langweilt sich. Er hat keine Lust mehr auf seinen Beruf und möchte sich lieber freundlich mit Menschen unterhalten, als sie auszurauben und zu erschrecken. Der kleine Pirat überlegt, sein Leben einmal ganz anders zu gestalten.

Gerald Hüther / Inge Michels:
Felix und Feline entdecken das Gehirn.
München: Kösel 2009[16].
Kinderzimmergespräche: Ein Mädchen und ein Junge sprechen darüber, warum sie bei manchen Menschen gern lernen und sich anstrengen, bei anderen nicht. Gleichzeitig pflegen sie eine Blumenzwiebel, schauen ihr beim Wachsen zu und denken darüber nach, was ihnen selbst beim Großwerden gut tut – und was sie gar nicht gebrauchen können.

Karin Gruss / Tobias Krejtschi:

Was WÜRDEst du tun?

Bargteheide: Michael Neugebauer Edition 2016.

Ein wunderbares, kluges Buch, um mit Kindern über Zivilcourage und Mitgefühl zu sprechen. Gezeigt werden jeweils einzelne Szenen, in denen eine Person gereizt wird oder / und selbst an ihre Grenzen kommt, und dazu immer die Fragen: Was würdest du tun? Was fällt dir dazu ein? Es ist gut zu sehen, wie die Situationen den Kindern nahe gehen und wie sie sich Gedanken dazu machen.

Leo Leonni:

Frederick.

Weinheim: Verlagsgruppe Beltz 201613.

Frederick ist eine Feldmaus und ein wenig anders als andere Feldmäuse. Während seine Familie eifrig Körner für den Winter sammelt, legt Frederick sich einen ganz anderen Vorrat an: Er sammelt Sonnenstrahlen, Farben und Wörter für trübe Tage – ein wahrer Klassiker der Kinderliteratur.

Sabine Jörg:

Der Ernst des Lebens.

Stuttgart: Thienemann-Esslinger 2015 (gibt es auch auf der Seite des Verlages als Bilderbuchkino).

Am Ende dieses Buches über den Schulanfang beschließt Annette: „Von den Erwachsenen lasse ich mir nie mehr Angst machen." Denn als sie in der Schule den „Ernst des Lebens" kennenlernt, findet sie ihn sehr nett.

Kirsten Boie:

Bestimmt wird alles gut.

Leipzig: Klett-Kinderbuch 2016.

Die Erlebnisse von Rahaf und Hassan, den beiden Flüchtlingskindern aus Syrien, werden in Deutsch und Arabisch erzählt. Entstanden ist ein eindrückliches und warmherziges Buch über eine wahre Geschichte, die dem komplexen Flüchtlingsthema ein für Kinder verständliches „Gesicht" gibt.

Materialien zum Download

Folgende Materialien können Sie als Download-Materialien herunterladen und für sich selbst und in Ihrem Kollegium nutzen:

- Listen **„Über Werte nachdenken: Was mir im Leben wichtig ist“** zum Ankreuzen und Ausfüllen, Vergleichen, Nachdenken und darüber Sprechen, s. **S. 27/28**.
- Plakat **„Kinder lernen Werte, wenn sie erleben, wie Erwachsene …“** (DIN A3) zum Aufhängen im Lehrerzimmer, für eine Lehrerkonferenz und/oder eine Fortbildung zum Thema „Werte“.

- Reflexionskärtchen **„Werte für pädagogische Fach- und Lehrkräfte“**

  Die Werte-Reflexionskärtchen für pädagogische Fachkräfte und Lehrkräfte der Grundschule sind in vielerlei Hinsicht einzusetzen, z. B.:

  - in Teamsitzungen: Hier dienen die Kärtchen als Gesprächsanlässe. Im Team wird gemeinsam reflektiert, wie man mit bestimmten Situationen des pädagogischen Alltags individuell und in der Gemeinschaft umgehen möchte.
  - als Ausgangspunkt für Gespräche zum jeweiligen Kita- bzw. Schulprogramm.
  - als „Motto der Woche“: Ein Kärtchen wird vergrößert und im Aufenthaltsraum oder im Lehrerzimmer gut sichtbar ausgehängt. So dient es als informeller Gesprächsanlass und als Reflexionsimpuls für jede Mitarbeiterin oder jeden Mitarbeiter.
  - als Impulse für Steuergruppen, die sich mit den Themen „Elternarbeit“ oder „Kommunikation in der Einrichtung“ beschäftigen.
  - als individuelle Anregungen für die einzelnen Mitarbeiterinnen und Mitarbeiter, z. B., um die eigene Rolle oder Motivation zu klären und sich eigene Ressourcen zu verdeutlichen.
  - als Impulse für eine Arbeitsphase etwa in Form eines „World Cafés“: Hier werden die Karten vergrößert und z. B. auf beschreibbare Tischtücher geklebt.

Anhang

Anmerkungen

1 Quelle: *www.noelle-neumann.de/wissenschaftliches-werk/schweigespirale/.*

2 Laut Noelle-Neumann ist die schweigende Mehrheit bei Wahlen die „Partei", die den Ausgang einer Wahl entscheidend beeinflusst.

3 a. a. O.

4 Aus einem Interview im Bonner Generalanzeiger am 27. 01. 2017 zum Thema „Werte".

5 Hier nachzulesen: *www.dihk.de/themenfelder/aus-und-weiterbildung/ausbildung/ausbildungspolitik/umfragen-und-prognosen/dihk-ausbildungsumfrage*

6 Quelle: *http://lexikon.stangl.eu/1535/selbstwirksamkeit-selbstwirksamkeitserwartung/* © Online-Lexikon für Psychologie und Pädagogik

7 Original: *www.bildung-plus.de/medien/sites/2010-01_Eine_Kiste_voller_Stärken.html*

8 Hier nachzulesen: *www.zeit.de/2016/28/kita-qualitaet-fabienne-becker-stoll*

9 Quelle: *www.shell.de/ueber-uns/die-shell-jugendstudie/werte-der-jugend.html.* Seit 1953 beauftragt Shell Studien, um Sichtweisen, Stimmungen und Erwartungen von Jugendlichen zu dokumentieren.

10 Dazu mehr unter: *www.paracelsus-magazin.de/alle-ausgaben/12-heft-031999/396-wie-denkt-der-mensch-sich-gesund.html.*

11 Michael Schimpke, Diplom-Psychologe, Dozent für Psychotherapie, NLP-Trainer, in: *www.paracelsus-magazin.de*, a. a. O.

12 *www.opaschowski.de.*

13 Ein *Dilemma* bedeutet, dass es keinen eindeutigen Ausweg aus einer schwierigen Situation gibt.

14 Dazu mehr unter: *www.empathie-lernen.de.*

15 GEOlino-UNICEF-Kinderwertemonitor 2014, in Zusammenarbeit mit der Humboldt-Universität Berlin, gefördert vom Bundesministerium für Bildung und Forschung sowie der Robert Bosch Stiftung.

16 Aus: *http://lexikon.stangl.eu/12220/ambiguitaetstoleranz.*

17 Aus dem Liederheft mit CD „Reinhard Horn – 14 Engel um mich stehn", © KONTAKTE Musikverlag, 59557 Lippstadt; mehr Infos: *www.reinhardhorn.de.*

18 Zu Cornelia Spohn, s.: *www.cornelia-spohn.de.*

19 Aus dem Aufsatz „Wie Kinder Verantwortung lernen – Ein Auftrag auch an pädagogische Fachkräfte" von Ludwig Liegle, erschienen in: „Kindergarten heute" (3/2010), zu finden unter: *www.herder.de/kiga-heute/fachmagazin/archiv/2010-40-jg/3-2010/wie-kinder-verantwortung-lernen-ein-auftrag-auch-an-paedagogische-fachkraefte.*

20 Joachim Gauck in einer Ansprache am 9. Oktober 2014 in Leipzig, hier nachzulesen: *www.bundespraesident.de/SharedDocs/Reden/DE/Joachim-Gauck/Reden/2014/10/141009-Rede-zur-Demokratie.html.*

21 CSR steht für „Corporate Social Responsibility", gemeint ist die gesellschaftliche Verantwortung von Unternehmen.

22 Dr. Wolfgang Beutel, Geschäftsführer des Wettbewerbes „Demokratisch Handeln", in: *Handbuch Gute Schule*. 2016, S. 95.

23 Mehr Informationen dazu unter: *www.demokratisch-handeln.de.*

24 Quelle: *www.meusebach-grundschule.de.*

25 Gabriele Becker ist Dipl.-Heilpädagogin, Kinder-und Jugendlichenpsychotherapeutin und systemische Familientherapeutin (DGSF): *www.kindertherapie-becker.de.*

26 Mehr Informationen zur Studie: *www.in-form.de/buergerportal/aktuelles/meldungen/neues/wo-kaufen-wir-ein-wie-ernaehren-wir-uns.html*

27 Es soll hier nicht verschwiegen werden, dass in Deutschland Jahr für Jahr Biobauern ihren Betrieb aufgeben müssen. Zum einen, weil die Kosten für das Land hier höher sind als im Ausland, zum anderen, weil in Deutschland eine strengere Dokumentierungs- und Nachverfolgungspflicht besteht. Kritiker der konventionellen Landwirtschaft führen außerdem an, dass diese staatlich begünstigt würde.

28 Mehr dazu im Kapitel „Werte & Übergänge" (S. **102 ff.**).

29 Mehr dazu unter: *www.7mind.de*; 2014 an der Universität Witten / Herdecke gegründet, um „Meditation und Achtsamkeit in Ihren Alltag zu integrieren" (Zitat von der Homepage).

30 Quelle: *www.slowfood.de*.

31 Gut verständliche Arbeitsmaterialien gibt es hier: *www.slowfood.de/kinder_und_jugendliche/projekte/sinnes-training_sinn_voll/*.

32 Zitiert aus: „Das selbstständige Kind – Das Kinderbild in Erziehung und Bildung", eine Publikation der Konrad-Adenauer-Stiftung e. V. 2015, S. 6.

33 Zitiert aus der Fachzeitschrift: „Schüler. Wissen für Lehrer 2015", Schwerpunktheft: Familienleben. Seelze: Friedrich Verlag, S. 70 ff.

34 a. a. O.

35 Manfred Prenzel: Leistung als Dimension und Qualitätsmerkmal guter Schulen. In: Beutel, S.-I. / Höhmann, K. / Pant, H. A./Schratz, M. (unter Mitarbeit von Inge Michels) 2016: *Handbuch Gute Schule. Sechs Qualitätsbereiche für eine zukunftsweisende Praxis.* Seelze: Klett / Kallmeyer, S. 22 ff.

36 Mehr Informationen unter: *www.gluecksarchiv.de*.

37 Das Förderkonzept finden Sie auf der Homepage der Schule unter: *www.ggs-oberforstbach.de.* Noch mehr Informationen unter: *www.malaika-ev.de*.

38 Quelle: *www.fritz-schubert-institut.de/%C3%BCber-uns*.

39 Zitat aus: Kilian, Pamela 2014: *Praxis Kindertagespflege. Beobachten und Dokumentieren*, S. 6.

40 a. a. O., S. 28.

41 Die Online-Redaktion der „ZEIT" hatte 2011 die beiden „Erziehungspäpste" Jesper Juul und Bernhard Bueb zu einem Gespräch eingeladen. Daraus sind die beiden Zitate, nachzulesen hier: *www.zeit.de/2011/44/C-Inteview-Bueb-Juul*.

42 Das ist die Seite des Aktionsbündnisses: *www.kinderrechte-ins-grundgesetz.de/*.

43 Aus: Europäische Kommission Justiz (Hrsg.): *Kinderrechte aus der Sicht von Kindern*, 2011, s. auch: *ec.europa.eu/justice/fundamental-rights/files/rights-of-the-child_de.pdf*, Einleitung, S. 3.

44 *www.wir-kinder-haben-rechte.de/meine-kinderrechte/un-kinderrechtskonvention.html*

45 Über Bildungsgerechtigkeit spricht Suat Yilmaz in einem Film, der hier abgerufen werden kann: *www.nrw-talentzentrum.de*.

46 Zitat aus dem Online-Text auf: *www.ganztagsschulen.org*: „Sport als Bildungsmotor in NRW" vom 29. 11. 2016.

47 Im Kinderrechte-Training werden Pädagogen und Pädagoginnen ausgebildet, unter Bezugnahme auf die UN-Kinderrechtskonvention, demokratische und soziale Lernprozesse vorzubereiten und zu moderieren: *www.unicef.de/informieren/ueber-uns/unicef-deutschland/buendnispartner-kinderrechte/-/buddy-ev/74640*.

48 Aus dem Flyer „buddy-Programm Kinderrechte an Grundschulen in NRW in Kooperation mit UNICEF".

49 UNICEF-Pressemitteilung vom 12. 12. 2014.

50 In: Friedrich Jahresheft 2011: Übergänge. Seelze: Friedrich Verlag, S. 7.

51 Informationen zum Bundesprogramm „Qualität vor Ort" der Deutschen Kinder- und Jugendstiftung unter: www.qualitaet-vor-ort.org.

52 Vgl. Sacher, Werner, S. 302–322.

53 Gespräch mit A. von Plüskow im Februar 2017.

54 Mehr Informationen unter: Kobelt Neuhaus, D. / Haug-Schnabel, G. / Hensel, J. / Vodafone Stiftung: *Qualität der Zusammenarbeit mit Eltern. Ein Leitfaden für den frühpädagogischen Bereich*.

55 Mehr Informationen unter: *www.schwanenschule.de/index.php?id=143*.

56 © Inge Michels.

Literatur

Becker-Stoll, Fabienne: *Sofort abmelden*. Interview in der ZEIT vom 20. Juni 2016, S. 62.

Bertelsmann Stiftung (Hrsg.) 2016: *Werte lernen und leben. Theorie und Praxis der Wertebildung in Deutschland.* Gütersloh: Bertelsmann Stiftung.

Beutel, S.-I. / Höhmann, K. / Pant, H. A. / Schratz, M. (unter Mitarbeit von Inge Michels) 2016: *Handbuch Gute Schule. Sechs Qualitätsbereiche für eine zukunftsweisende Praxis.* Seelze: Klett / Kallmeyer.

Bildungsstandards der Kultusministerkonferenz: Argumentationspapier Bildungsstandards der Kultusministerkonferenz vom 16. 12. 2004, zum Download angeboten unter: *www.kmk.org/themen/qualitaetssicherung-in-schulen/bildungsstandards.html.*

Bronfenbrenner, Urie 1981: *Die Ökologie der menschlichen Entwicklung. Natürliche und geplante Experimente.* Stuttgart: Klett-Cotta.

Franz, Margit 2014: *Werte, Ethik, Regeln, Tugenden … Eine Begriffsklärung.* Aus: ZeT 3. Seelze: Friedrich, S. 6f.

Franz, Margit 2010: *Hauptsache Wertebildung. Mit Kindern Werte erleben und entwickeln.* Freiburg: Don Bosco.

GEOlino-UNICEF-Kinderwertemonitor 2014 (Institut: Ipsos), *www.unicef.de/blob/56990/a121cfd7c7acbdc2f4b97cbcdf0cc716/geolino-unicef-kinderwertemonitor-2014-data.pdf.*

Hillmann, Karl-Heinz 2003: *Wertwandel.* Würzburg: Carolus.

Höffe, Otfried 1977: *Lexikon der Ethik.* München: Becksche Reihe 1977, 5. neubearb. und erw. Auflage 1997.

Hüther, G. / Nitsch, C. 2008: *Wie aus Kindern glückliche Erwachsene werden.* München: Gräfe und Unzer, S. 172.

Hüther, G. / Hauser, U. 2012: *Jedes Kind ist hochbegabt. Die angeborenen Talente unserer Kinder und was wir aus ihnen machen.* München: Knaus.

Juul, Jesper 2006: *Was Familien trägt. Werte in Erziehung und Partnerschaft. Ein Orientierungsbuch.* München: Kösel.

Juul, Jesper 2013: *4 Werte, die Kinder ein Leben lang tragen.* München: Gräfe und Unzer.

Kilian, Pamela 2014: *Praxis Kindertagespflege. Beobachten und Dokumentieren.* Berlin: Cornelsen Scriptor.

Kobelt Neuhaus, D. / Haug-Schnabel, G. / Hensel, J. / Vodafone Stiftung: *Qualität der Zusammenarbeit mit Eltern. Ein Leitfaden für den frühpädagogischen Bereich.* Einzusehen unter: *www.vodafone-stiftung.de/alle_publikationen.html?&tx_newsjson_pi1%5BshowUid%5D=57&cHash=09750d52d59fbe2ac6a805dbbe4de5c5.*

Kluckhohn, Clyde: *Values and Value Orientations in the Theory of Action: An Exploration in Definition and Classification.* In: Parsons, T. und Shils, E. A.: Toward a General Theory of Action, third edition, Cambridge / USA 1954 (1951).

Liegle, Ludwig 2010: *Wie Kinder Verantwortung lernen – Ein Auftrag auch an pädagogische Fachkräfte.* In: Kindergarten heute (3). online abrufbar unter: *www.herder.de/kiga-heute/fachmagazin/archiv/2010-40-jg/3-2010/wie-kinder-verantwortung-lernen-ein-auftrag-auch-an-paedagogische-fachkraefte/.*

Ministerium für Bildung 2004: *Bildungs- und Erziehungsempfehlungen für Kindertagesstätten.* Mainz, S. 85.

Müller, Eva 2012: *Ich kann das! – Selbstwirksamkeit bei Kindern fördern.* In: kindergarten heute. Das Leitungsheft. (Ausgabe 2) Freiburg: Herder, S. 4.

Mutzek, Wolfgang 1988: *Von der Absicht zum Handeln. Rekonstruktion und Analyse subjektiver Theorien zum Transfer von Fortbildungsinhalten in den Berufsalltag.* Weinheim: Deutscher Studien-Verlag.

Noelle-Neumann, Elisabeth 2001: *Die Schweigespirale: Theorie der öffentlichen Meinung.* München: Langen-Müller.

Sacher, Werner 2006: *Elternhaus und Schule. Bedingungsfaktoren ihres Verhältnisses, aufgezeigt an einer bayerischen Studie.* In: Bildung und Erziehung 59, Heft 3. Wien: Böhlau.

Sächsischer Bildungsplan. Sächsisches Staatsministerium für Kultur und Sport 2012, Verlag das netz.

Schimpke, Michael, Online-Text: *„Wie denkt sich der Mensch gesund"?* Im Magazin Paracelsus (Heft 3/ 1999): *www.paracelsus-magazin.de/alle-ausgaben/12-heft-031999/396-wie-denkt-der-mensch-sich-gesund-html.*

Schumacher, Wilfried: *Das Münster wird ganz gewiss fehlen.* Interview im „Bonner Generalanzeiger"am 27.01.2017, S. 19.

Shell-Jugendstudie: *www.shell.de/ueber-uns/die-shell-jugendstudie/werte-der-jugend.html.*

Stöcklin-Meier, Susanne 2005: *Was im Leben wirklich zählt. Mit Kindern Werte entdecken.* München: Kösel.

Viernickel, S./Lee, H.-J. 2004: *Beginn der Kindergartenzeit.* In: E. Schumacher (Hrsg.). „Übergänge" in Bildung und Ausbildung – pädagogische, subjektive und gesellschaftliche Relevanzen. Bad Heilbrunn: Klinkhardt, S. 69–88.

World Vision Deutschland e.V., Kinder in Deutschland 2013: *Wie gerecht ist unsere Welt?* Kinder in Deutschland 2013. Weinheim/Basel: Beltz.

Bildnachweise

Fotos © privates Archiv Inge Michels: Seite 9, 15, 17, 18, 19, 20, 23, 26, 38, 45, 46, 53, 61, 73, 82, 86, 88, 94, 105, 106, 113, 120

Kinderzeichnungen © privates Archiv Inge Michels: Seite 11, 20, 34, 57

Alle Icons: Seite 24, 69, 75, 95 © Stefanie Linnartz, www.diefarbeblau.de (Erstveröffentlichung hier: „Familien-Leben in Armut – Was für eine Leistung" 2016, Arbeitsgemeinschaft der Familienorganisationen in Rheinland-Pfalz e. V., Mainz)

6 DrUGO_1.0 – Fotolia.com

10 © privates Archiv Anne Härtl

12 Grafik © Inge Michels

13 © privates Archiv Gabriela Holzmann

14 © pusteflower9024 – Fotolia.com

21 Abb. mit freundlicher Genehmigung von Meinolf Padberg; Quelle: *www.starke-seiten.net/lehrer//9-download-lehrer/8-03a-schatzkarte-pdf-format-mehrfarbig.html*

22 denys_kuvaiev – Fotolia.com; „Be different" © Arno Müskens

25 © strekalova – Fotolia.com

32 © ulkas – Fotolia.com

33 © Gorilla – Fotolia.com

43 © denys_kuvaiev – Fotolia.com

51 © photophonie – Fotolia.com

61 Mit freundlicher Genehmigung der Schulleitung der Bertolt-Brecht-Gesamtschule, Bonn

64 © Tyler Olson – Fotolia.com

66 © Superingo – Fotolia.com

67 © Arno Müskens

68 © privates Archiv Gabriela Holzmann

71 strekalova – Fotolia.com

75 magele-picture – Fotolia.com

76 Grafik aus: World Vision Deutschland e.V./Andresen/Hurrelmann (Hrsg.), Kinder in Deutschland 2013 © 2013 Beltz Verlag in der Verlagsgruppe Beltz, Weinheim/Basel

79 Mit freundlicher Genehmigung von Patrick Schnüttgen; © Patrick Schnüttgen

87 © privates Archiv Gabriela Holzmann

92 © sborisov – Fotolia.com

93 © Yvonne Bogdanski – Fotolia.com

99 © Brian Jackson – Fotolia.com

100 © Brian Jackson – Fotolia.com

101 © fd-styles – Fotolia.com

103 © ARochau – Fotolia.com

Fachbuch

Wie lernen Kinder sprechen und was ist unsere Aufgabe?

MECHTHILD DEHN | INGELORE OOMEN-WELKE | CLAUDIA OSBURG

Kinder & Sprache(n)

Was Erwachsene wissen sollten

21,5 x 23 cm, 168 Seiten in Farbe

ISBN 978-3-7800-1081-0, € 24,95

Alle Preise zzgl. Versandkosten, Stand 2017

Kleinkinder lernen sprechen, ohne dass sie unterrichtet werden, und wir sprechen mit ihnen – von Anfang an. Kinder hören Sprache schon im Mutterleib und beginnen mit dem Spracherwerb lange, bevor sie selber sprechen. Dazu gehören Gestik und symbolisches Verstehen, dazu gehören die Sprachlaute, aber auch die Regeln des Sprachgebrauchs.

Dieses Buch handelt von der Sprache, vom Sprechen- und Verstehenlernen vom Säuglingsalter bis zur mittleren Kindheit. Sie erfahren u. a., welche Schwierigkeiten Kinder beim Sprechenlernen bewältigen müssen, wie wir ihnen helfen können, wie sich Erst- und Zweitspracherwerb unterscheiden und was es bedeutet, Deutsch als Zweit- oder Fremdsprache zu lernen.

Klett Kallmeyer

Unser Leserservice berät Sie gern:
Telefon: 0511/4 00 04 -150
Fax: 0511/4 00 04 -170
leserservice@friedrich-verlag.de

www.klett-kallmeyer.de

Chancen und Risiken der frühen Mediennutzung

NORBERT NEUSS

Kinder & Medien

Was Erwachsene wissen sollten

21,5 x 23 cm, 168 Seiten in Farbe

ISBN 978-3-7800-4901-8, € 24,95

Fachbuch

Alle Preise zzgl. Versandkosten, Stand 2017.

Kindheit ist heute ohne die Einflüsse von Medien nicht mehr umfassend zu verstehen. Schon früh besitzen Kinder eine eigene Medienausstattung und wachsen mit medialen Figuren wie Heidi, Wickie oder den Star Wars-Figuren auf.

Dieses Buch handelt von der Bedeutung der Medien für die Lebenswelt der Kinder und von den positiven wie auch negativen Formen der Mediennutzung. Dabei erfahren Sie, welchen Einfluss die Inhalte und die Geräte auf die Kinder haben, welche (Lern-)Chancen Medien eröffnen können und wie eine verantwortungsvolle Medienerziehung aussehen kann, die Mediensucht und Medienverwahrlosung verhindert.

Unter **www.friedrich-verlag.de** finden Sie Materialien zum Buch als Download.
Bitte geben Sie den achtstelligen Download-Code in das Suchfeld ein.

DOWNLOAD-CODE: **d31008kw**

Hinweis:

Die Download-Materialien enthalten Anregungen, um sich mit dem Gelesenen allein oder im Kollegium näher auseinanderzusetzen und es evtl. auch in einer Konferenz oder Fortbildung zu erproben.

Haben Sie Fragen zum Download? Dann wenden Sie sich bitte an den Leserservice der Friedrich Verlags GmbH. Schreiben Sie uns oder rufen Sie uns an!

Sie erreichen unseren Leserservice
Montag bis Donnerstag von 8 – 18 Uhr
Freitag von 8 – 14 Uhr
Tel.: 05 11/4 00 04-150
Fax: 05 11/4 00 04-170
E-Mail: *leserservice@friedrich-verlag.de*

Wir freuen uns über Ihre Rückmeldungen und helfen Ihnen gerne weiter!